Erich Fromm
Schriften über Sigmund Freud

ERICH FROMM

SCHRIFTEN
ÜBER SIGMUND FREUD

Ausgewählt und eingeleitet
von Rainer Funk

Deutsche Verlags-Anstalt
Stuttgart

CIP-Titelaufnahme der Deutschen Bibliothek

Fromm, Erich:
Schriften über Sigmund Freud/Erich Fromm.
Ausgew. und eingel. von Rainer Funk.
Stuttgart: Deutsche Verlags-Anstalt, 1989
ISBN 3-421-06502-0
NE: Fromm, Erich: [Sammlung ⟨dt.⟩]

Deutsche Verlags-Anstalt GmbH, Stuttgart 1989
Lektorat: Ursula Locke-Groß
Umschlag: Reichert Buchgestaltung, Stuttgart
Foto: dpa
Typographische Gestaltung: Brigitte Müller
Gesamtherstellung:
Druckerei Wagner GmbH, Nördlingen
Printed in Germany

INHALT

Inhalt

4
DIE GESELLSCHAFTLICHE BEDINGTHEIT DER PSYCHOANALYTISCHEN THERAPIE

5
DIE REVIDIERTE PSYCHOANALYTISCHE PRAXIS

6
ZU FREUD UND ZUR FREUDSCHEN BEWEGUNG

VORWORT

*Diese Sammlung von Schriften Erich Fromms über Sigmund
Freud ist eine Art Lesebuch, das mit Freud und der
Psychoanalyse Freuds bekanntmachen will. Zugleich macht
diese Auswahl aus den zahlreichen Schriften Fromms über
Freud auch mit den Hintergründen für die neue Art vertraut,
mit der Fromm Freud und seine psychoanalytischen
Erkenntnisse rezipierte. Die vorliegende Sammlung ist deshalb
zugleich auch als ein Leitfaden für all jene gedacht, die die
Frommsche Re-Vision der Freudschen Psychoanalyse
nachvollziehen und verstehen wollen.*

*Fromm ist kein Freudianer, und doch verdankt er Freud für
seine eigenen Weiterentwicklungen der Psychoanalyse fast alles.
Auch noch im Alter galt: Zu welchem Problem Fromm auch
schrieb, zuerst und vor allem »studierte« er in der »Standard
Edition«, der englischen Freud-Gesamtausgabe, was Freud zur
Fragestellung erkannte.*

*Fromm selbst löste das Problem, ein engagierter
Psychoanalytiker zu sein, ohne Freudianer sein zu müssen, für
sich schon in den dreißiger Jahren, indem er zwischen den
»essentials« der Psychoanalyse (dynamisches Unbewußtes,
Verdrängung, Widerstand, Abwehr, Bedeutung der Kindheit,
Übertragung) und den historisch und gesellschaftlich bedingten
Aspekten der Theoriebildung (Libidotheorie und andere
Triebtheorien Freuds) unterschied.*

*Nun könnte Fromms Zuordnung gerade der Freudschen
Triebtheorie zu den zeitbedingten und revisionsbedürftigen
Aspekten der Psychoanalyse als Willkür oder Unverständnis
ausgelegt werden. Doch Fromm hatte gute Gründe dafür. Sie
liegen vor allem darin, daß er versuchte, die Gesellschaft zum*

Erkenntnisgegenstand der Psychoanalyse zu machen. Bei diesem Versuch entdeckte Fromm die Begrenztheit der Freudschen Libidotheorie für das Verständnis gesellschaftlicher Prozesse ebenso wie für das Ernstnehmen des Einzelnen als gesellschaftlichen Wesens. Fromm formulierte Mitte der fünfziger Jahre schließlich mit seiner Bedürfnislehre eine eigene Triebtheorie und kam zu wichtigen Re-Visionen der psychoanalytischen Theorie und Therapie. Es sind keine Revisionen, sondern Re-Visionen, weil Fromm nicht einfach etwas revidieren wollte, so, als müßte er hinter die Freudschen Entdeckungen zurückgehen. Er wollte vielmehr eine »neue Vision« für die Grundeinsichten und Psychoanalyse. Diese aber tauchten dort auf, wo die alten Entdeckungen von ihren zeit- und kulturbedingten Entstellungen befreit werden konnten.

Das Lesebuch möchte diese Frommsche Re-Vision der Psychoanalyse in Aufbau und Auswahl der Texte nachvollziehen und die Leser zum Nachvollzug einladen. Es beginnt mit den wichtigsten Freudschen Entdeckungen und illustriert dann, wie Fromm diese Entdeckungen bei der Anwendung auf seinen Erkenntnisgegenstand, die gesellschaftlichen Phänomene, zu neuen Einsichten bringt, so daß es in der Folge zu fruchtbaren Neuformulierungen der psychoanalytischen Theorie kommt. Was Fromm mit der Theorie der Psychoanalyse tat, hat selbstverständlich auch sein Verständnis der psychoanalytischen Therapie und seine eigene therapeutische Praxis bestimmt. Schließlich war Fromms lebenslange eigenständige und kritische Beschäftigung mit der Freudschen Psychoanalyse immer auch eine Beschäftigung mit Freud selbst, mit seinem Leben, seinem Charakter, mit dem Menschen Freud.

Die Texte umspannen einen Entstehungszeitraum von fast 50 Jahren (von 1931 bis 1979). Es wurden bewußt jeweils längere Textabschnitte gewählt, deren Kontext aus den Quellenvermerken ersichtlich ist. Schließlich möchte das Lesebuch auch mit Texten bekannt machen, die bisher kaum gelesen wurden, weil sie einer breiteren Öffentlichkeit nicht zugänglich waren, wie etwa der Aufsatz von 1935 »Die gesellschaftliche Bedingtheit der psychoanalytischen Therapie«

oder *Fromms Neuinterpretation des Freudschen Fallbeispiels
vom »Kleinen Hans«. Der Abschnitt »Aspekte eine Re-Vision
der psychoanalytischen Therapie« stammt aus den
nachgelassenen Schriften und wird hiermit erstmals
veröffentlicht.
Herzlichen Dank sei an dieser Stelle Ursula Locke-Groß
gesagt. Von ihr kam die Idee zur Publikation dieses Lesebuchs
im Jahr der 50. Wiederkehr des Todes von Sigmund Freud. Sie
hat über viele Jahre als Lektorin der Deutschen Verlags-Anstalt
geholfen, das Frommsche Denken und Werk zugänglich zu
machen.*

Tübingen, im Januar 1989 *Rainer Funk*

1

FREUDS ENTDECKUNGEN

Jeden, der mit der Psychoanalyse in »Berührung« kommt, sich also nicht nur intellektuell mit ihr auseinandersetzt, sondern etwas von der Wirklichkeit des Unbewußten zu spüren bekommt, drängt es, sich mit ihr auseinanderzusetzen. Fromm kam mit der Psychoanalyse zunächst weder über die Schriften Freuds noch über die Person Freuds selbst in Berührung. Es war eine Freundin (und Fromms spätere Frau), die den Soziologiestudenten Fromm Anfang der zwanziger Jahre erstmals hat erfahren lassen, daß es leidenschaftliche Kräfte gibt, die sein Denken, Fühlen und Handeln bestimmen, obwohl sie unbewußt sind.

Frieda Reichmann, um 1920 Psychiatrin in der Heimatstadt Fromms, in Frankfurt, später am »Weißen Hirsch« in Dresden, hatte sich in Berlin einer Psychoanalyse unterzogen und steckte ihren elf Jahre jüngeren Freund Erich Fromm an. Sie wollten ein eigenes Sanatorium eröffnen, in dem Menschen mit Hilfe der Psychoanalyse von ihren psychischen Problemen befreit werden sollten. In der Heidelberger Mönchhofstraße 15 realisierte sie 1924 ihren Plan. Sie schuf ein »Therapeutikum«, in dem jeder, der das Haus betrat, von Frieda Reichmann analysiert wurde. So kam auch Erich Fromm selbst auf die Couch und mit der Psychoanalyse, mit seinem Unbewußten, mit Widerstand und Übertragung, mit seinen ungeliebten Triebstrebungen und mit seinen Rationalisierungen in Berührung.

Was Psychoanalyse ist, erfuhr Fromm zuerst an der eigenen »Seele«; erst später kam ein intellektueller Bewältigungsprozeß in Gang, der Fromms Denken entscheidend prägte und der – neben der eigenen Ausbildung zum Psychoanalytiker bei

*Wilhelm Wittenberg in München, bei Karl Landauer in
Frankfurt und schließlich bei Hanns Sachs in Berlin – zu einer
eigenständigen und äußerst fruchtbaren Rezeption der
psychoanalytischen Theorie führte.*

*Der Zugang Fromms zur Psychoanalyse über die eigene
Erfahrung des Unbewußten prägte auch sein Verständnis der
»essentials« der Psychoanalyse: Nicht die Autorität Freuds,
auch nicht die verschiedenen Erklärungsmuster bei der
Erfahrung und beim Umgang mit dem Unbewußten, wie sie
sich in den Triebtheorien niederschlagen, machen das
Wesentliche der Psychoanalyse aus, sondern das dynamische
Verständnis des menschlichen Verhaltens (das heißt, daß all
unsere Lebensäußerungen von unbewußten, leidenschaftlichen
Kräften – Fromm nennt sie Charakterzüge – mitbestimmt
werden), die Entdeckung der verschiedenen Zugänge zum
Unbewußten und der Äußerungsweisen des Unbewußten
(Traumdeutung, freie Assoziation, Symptomverstehen,
Fehlleistungen, Übertragung, Widerstand, Abwehr usw.).*

Der Zugang zum Unbewußten

1955

Die grundlegende Entdeckung Freuds – eine Entdeckung, welche die Vorstellung vom Menschen ebenso stark beeinflussen dürfte, wie die Entdeckung des Kopernikus noch heute unsere Vorstellung vom Universum beeinflußt – betrifft das Verständnis des *Unbewußten*. Wenngleich Spinoza schon fast 300 Jahre früher festgestellt hatte, daß wir zwar unsere Wünsche, aber nicht die Gründe für unsere Wünsche kennen (und daher in der Illusion leben, uns frei entscheiden zu können), ist es Freud gelungen, noch weitgehender und konkreter darzulegen, was diese Feststellung impliziert. Er hat nachgewiesen, daß jeder von uns sich nur eines kleinen Sektors seiner Persönlichkeit bewußt ist, während der Hauptteil dessen, was in uns vorgeht, sich unserem Bewußtsein entzieht und unbewußt oder verdrängt ist.

Zwei einfache Beispiele mögen dies verständlicher machen. Ein Mann, der immerzu aufschneidet und prahlt und andere herabsetzt, sieht sich vielleicht bewußt als eine beherrschende, überlegene Persönlichkeit. Nicht bewußt ist er sich der Tatsache, daß diese Macht- und Überlegenheitsgefühle in Wirklichkeit nur eine Kompensation genau entgegengesetzter Gefühle sind. Tief in seinem Inneren fühlt er sich schwach und hilflos wie ein Kind, und im selben Augenblick, wo er zu uns sagt: »Seht nur, was ich für ein prachtvoller Kerl bin«, bittet er in Wirklichkeit: »Laß sie nicht merken, daß ich mir wie ein hilfloses Kind vorkomme.« Weitere Nachforschungen würden vielleicht ergeben, daß dieser Mann sich wie ein hilfloses Kind fühlt, weil er eine tiefe Mutterbindung nie überwunden hat, bei der es sich um eine passive Anhänglichkeit handelt, welche für das Kind normal ist, einen erwachsenen Mann aber schwach macht und von der er sich längst hätte gelöst haben sollen. Vermutlich möchte er immer noch von seiner Mutter gestillt, umsorgt, beschützt und bewundert werden, und eben wegen dieser Bindung an sie fühlt er sich als Kind und daher schwach und anderen unterlegen. Im Extremfall kann er zum Alkoholiker werden, denn nur unter dem Einfluß des Alkohols kann er das Gefühl der Ohnmacht überwinden, und gleichzeitig ist das Trinken ein Ersatz für seinen Wunsch, von der Mutter gestillt und verwöhnt zu werden. Je tiefer man im Unbewußten nachforscht, um so mehr Verbindungsglieder entdeckt man in dieser Verhaltenskette.

Ein anderes Beispiel für unbewußte Motivation ist ein junger, glänzend begabter, gewissenhafter Student, der vor jedem Examen in eine solche Angst gerät, daß er wie gelähmt ist und seine ganze Laufbahn aufs Spiel setzt. Seine Angst ist besonders groß, wenn der Prüfer ein Lehrer ist, den er nicht leiden kann. Sonst läßt der junge Mann keine Anzeichen von Angst erkennen, er hat auch keine Minderwertigkeitsgefühle und ist stets gelassen und selbstsicher in seinem Umgang mit älteren Menschen oder Altersgenossen. Sucht man nach Gründen für diese Examensangst, so stößt man zunächst auf eine intensive Wut auf die Prüfer und besonders auf jene, die er nicht leiden kann. Hinter dieser Wut verbirgt sich das Gefühl, es sei eine unerträgliche Demütigung für ihn, sich Autoritätspersonen unterordnen zu müssen, die über seine zukünftige Laufbahn entscheiden können. Ich möchte an dieser Stelle nicht näher auf die Vorgeschichte seines intensiven Aufbegehrens gegen jede Autorität eingehen und lediglich feststellen, daß seine bewußte Angst etwas ersetzt und verdeckt, dessen er sich nicht bewußt ist – nämlich eine tödliche Wut, die er verdrängt, weil sie seine Stellung unhaltbar machen würde, wenn er sie offen zum Ausdruck brächte. Hier – genau wie in unserem ersten Beispiel – ist sich jemand seines Gefühls, aber nicht der

Ursachen dieses Gefühls, bewußt. Freud vergleicht das Verhältnis zwischen dem Bewußten und dem Unbewußten mit einem Eisberg: Ein kleiner Teil davon, der sichtbar ist, ist das Bewußte; der größte Teil davon, der sich unter der Wasseroberfläche befindet, ist das Unbewußte. Freud hat die Richtigkeit und Bedeutung dessen, was Nietzsche vor ihm feststellte, nachgewiesen: »»Das habe ich getan‹, sagt mein Gedächtnis. ›Das kann ich nicht getan haben‹ – sagt mein Stolz und bleibt unerbittlich. Endlich – gibt das Gedächtnis nach« (F. Nietzsche, 4. Hauptstück, Nr. 68).

In enger Beziehung zum Begriff des Unbewußten steht der Begriff des *Widerstandes*. Wir wollen das, was wir verdrängt haben, nicht wissen, weil es mit unseren Idealen und Maßstäben, mit dem Bild, das wir von uns haben oder von dem wir möchten, daß andere es von uns hätten, nicht vereinbar ist. Wir tun alles nur Mögliche, um zu verhindern, daß das Verdrängte ans Licht kommt. Wir leugnen es ab, wir werden wütend, wenn jemand daran rührt, wir werden müde und schläfrig, wenn es erwähnt wird, oder wir verbergen es hinter Rationalisierungen.

Der Begriff der *Rationalisierung* ist eine der wichtigsten Entdeckungen in Freuds Theorie. Wir alle rationalisieren, wenn wir versuchen, eine Tat, einen Gedanken oder ein Gefühl damit zu rechtfertigen, daß sie von unserer Vernunft, von unserem Gewissen motiviert oder aus einer praktischen Notwendigkeit heraus entstanden seien, anstatt zuzugeben, daß sie von irrationalen Wünschen motiviert waren. Der Rationalisierungsprozeß ist jedem gut bekannt, der einmal versucht hat, das Rauchen aufzugeben. Um vor sich selbst zu rechtfertigen, weshalb er nur gerade diese eine Zigarette rauchen möchte, sagt er sich, daß er sich gerade so besonders wohl oder auch so besonders elend fühlt, oder daß die anderen alle auch rauchen, oder daß er nicht so krank ist, daß er nötig hätte, das Rauchen aufzugeben, oder daß es sonst so wenig Freuden im Leben gibt, oder ... Es gibt unzählige Rationalisierungen in solchen und ähnlichen Situationen im Leben.

Ein weiteres Beispiel ist die Rationalisierung eines destruktiven oder sadistischen Menschen, der seine Kinder schlägt oder anderen Leuten peinliche oder kränkende Dinge sagt, und vorgibt, dies alles nur aus Pflichtgefühl zu tun. Er selbst glaubt, edlen Impulsen zu gehorchen, während er in Wirklichkeit von dem Wunsch getrieben wird, zu verletzen oder zu zerstören.

Das Unbewußte, das also im Dunkeln wirkt, ist der bewußten Erforschung nicht unmittelbar zugänglich. Wir müssen aus zusammengetragenen Daten darauf schließen, wie der theoretische Physiker oft auf Kräfte schließt, die er nicht unmittelbar beobachten kann. In bestimmten Situationen kann man jedoch auch unbewußte Kräfte direkt beobachten, in Dissoziationszuständen nämlich, bei denen das bewußte Denken entweder nicht im Spiel ist oder nicht richtig funktioniert. Der einzige normale Dissoziationszustand ist der *Schlaf*. Wenn wir schlafen, schalten wir unser Bewußtsein aus und entziehen der Außenwelt unsere wache Aufmerksamkeit. In diesem Zustand denken und empfinden wir Dinge, die unserem bewußten Denken tagsüber völlig zuwiderlaufen. Es kommt zum Beispiel vor, daß uns jemand tagsüber beleidigt hat und wir uns dessen nicht einmal bewußt waren und uns auch nicht darüber geärgert haben. In der darauffolgenden Nacht aber träumen wir dann vielleicht, daß der Betreffende ein Verbrechen begangen habe, von der Polizei verhaftet und hingerichtet worden sei.

In den meisten Kulturen wurden die Träume ernstgenommen als bedeutungsvoller Ausdruck unseres Seelenlebens. Zur Zeit Freuds jedoch hatte sich diese Einstellung in Europa im allgemeinen geändert, und man hielt die Träume für törichte, sinnlose Phänomene. Freud hat – und das war eine seiner größten Leistungen – gezeigt, daß diese Träume Gefühle und

Gedanken ausdrücken, die wir uns in unserem wachen Dasein nicht bewußtzumachen wagen, daß dies manchmal mit größter Offenheit, meist aber – selbst im Privatleben unseres Schlafes – in einer versteckten und entstellten Form geschieht. Freud nahm an, daß die Träume stets die Erfüllung unbewußter Wünsche sind, die wir im wachen Leben nicht zuzugeben wagen. (Wie viele andere, so bin jedoch auch ich der Ansicht, daß die Träume nicht immer und unbedingt Ausdruck unzulässiger Wünsche sind, und daß wir, wenn wir im Zustand des Schlafes mit uns allein sind, oft klüger, menschlicher und anständiger sind als auf dem Marktplatz des täglichen Lebens.)

Ein anderer Zustand der Dissoziation, bei dem man das Unbewußte direkt beobachten kann, ist die *Hypnose*. In einem tiefen Trance-Zustand kann ein Erwachsener wie ein Kind von zehn, fünf oder zwei Jahren fühlen und handeln – die entsprechende Suggestion vorausgesetzt. Dieses Experiment mit der »Altersregression« zeigt, daß sämtliche früheren Stadien unseres Lebens noch in uns weiterleben, daß sie unter der besonderen Bedingung der hypnotischen Trance wieder von unseren Gefühlen Besitz ergreifen, um wieder völlig vergessen zu werden, sobald wir zu unserem Alltagsdenken zurückkehren. Viele andere Experimente mit der Hypnose liefern ebenfalls den schlagenden Beweis, daß das Unbewußte »hinter dem Rücken« des Bewußtseins seine verborgenen Wege geht. So hat beispielsweise Dr. Mitchell Gold, der Versuchsleiter der Scientific Personality Research Corp., New York, in seinen Untersuchungen über die Hypnose gezeigt, wie emotionale Reaktionen durch spezifische Faktoren oder Konstellationen in der Umgebung herausgelockt werden. Man sagt der hypnotisierten Versuchsperson, man beschuldige sie einer bestimmten Sache und sie habe Angst und fühle sich schuldig; gleichzeitig hebt der Hypnotiseur warnend den Finger. Bei der Erwähnung der ihr vorgeworfenen Schuld bekundet die Versuchsperson alle Anzeichen von Schrecken und Angst, die sich verlieren, sobald man ihr versichert, daß die Anschuldigung falsch sei. Nachdem man dieses kleine Drama drei- oder viermal wiederholt hat, reagiert sie mit den gleichen Anzeichen von Angst, sobald nur der Finger erhoben wird, ohne daß die Beschuldigung erwähnt wird. Ist also ein konditionierter Reflex hergestellt, dann wird der erhobene Finger, der zuerst neutral war, zu einem konditionierten Reiz. Wenn dann die Versuchsperson aus der hypnotischen Trance erwacht und sich an nichts mehr von dem erinnern kann, was sich inzwischen abgespielt hat, weigert sie sich, nach dem erhobenen Finger des Hypnotiseurs hinzusehen, und dreht den Kopf weg, bis der Finger gesenkt wird. In ihrem Unbewußten hat sie immer noch Angst vor der Beschuldigung, welche der Finger für sie symbolisiert, während sie bewußt nur eine unerklärliche Abneigung gegen den Finger empfindet.

In Fällen von *Geisteskrankheit* werden Gedanken und Gefühle, die ein normaler Mensch verdrängt, als real angenommen. Der Paranoiker kann davon überzeugt sein, daß man ein Komplott gegen ihn schmiedet oder daß er ein römischer Kaiser ist. Ein nicht-psychotischer Mensch würde einen derartigen Verdacht oder derartige größenwahnsinnige Ideen verdrängen, und sie würden bei ihm lediglich als hochtrabende Tagträume oder in der nagenden Angst zum Ausdruck kommen, daß die Leute ihn nicht leiden können. Sein Denken wird durch die Wahrnehmung der Wirklichkeit kontrolliert, und es ist unmöglich, daß die irrationalen Phantasien ihm als Wirklichkeit erscheinen. Der Psychotiker erlebt die Wirklichkeit so, wie sie uns im Schlaf erscheint. Wir geben dann unser Realitätsbewußtsein zum größten Teil auf und zweifeln nicht an der Realität unseres Traumerlebnisses. Wenn wir dann aber aufwachen, sind wir von der Unwirklichkeit des Traums so stark beeindruckt, daß wir uns oft nicht mehr an seinen Inhalt erinnern können. Träume sind ein vorübergehender Zustand von Geisteskrankheit, oder man kann auch sagen, Geisteskrankheit sei ein Träumen im wachen Zustand.

Eine weitere Situation, in welcher unbewußte Gefühle unmittelbar zum Ausdruck kommen, ist der durch manche *Drogen* verursachte Geisteszustand, vor allem der durch Alkohol bewirkte Zustand. Der Betrunkene hat sein kritisches Urteilsvermögen zum größten Teil aufgegeben, und wenn er sich in einen prahlerischen Größenwahnsinnigen oder in einen aggressiven Angreifer verwandelt, liefert er sich Kräften aus, die er im nüchternen Zustand so stark verdrängt hat, daß er von ihrer Existenz keine Ahnung hat.

Freud sah sich mit dem theoretischen und mit dem praktischen Problem konfrontiert, einen Weg zu finden, um herauszubekommen, was *im Menschen* ist, jedoch *außerhalb seines Bewußtseins,* ohne daß ein Mensch psychotisch oder betrunken ist oder schläft. Es scheint ein Paradoxon, sich dessen bewußt werden zu wollen, was unbewußt ist. Freuds Genie zeigte sich auch darin, daß er das Rätsel löste. Zunächst versuchte er es mit Hypnose, gab sie aber nach einer Weile wieder auf, um sich vorwiegend mit dem Traum zu beschäftigen – der »*via regia* zur Kenntnis des Unbewußten« (S. Freud, 1900 a, S. 613) – und eine Methode anzuwenden, die er *freie Assoziation* nannte. Auf den ersten Blick scheint es sich dabei um einen einfachen Prozeß zu handeln. Man sagt jemandem, er solle alles aussprechen, was ihm gerade in den Sinn komme, ohne sich um die herkömmlichen Regeln des Anstands zu kümmern noch darum, ob es etwas Intelligentes sei oder ob es höflich sei usw. Der geschulte Zuhörer kann dann in diesen zufälligen Assoziationen Zusammenhänge erkennen, deren sich der Betreffende nicht bewußt ist. Auf diese Weise kann er Gedanken und Gefühle aufdecken, die unbewußt sind. Ein einfaches Beispiel wird dies veranschaulichen: Ein Gedanke (a) beschäftigt sich mit einem Freund, dem der Patient bewußt sehr freundschaftlich gesinnt ist, wenn er auch am vergangenen Abend eifersüchtig auf ihn war, als er von seiner Beförderung hörte; die Assoziation (b) befaßt sich – scheinbar ohne jeden Zusammenhang – mit einem Ereignis, über das der Patient in der Morgenzeitung gelesen hat, wonach ein Mann von einem Rivalen umgebracht wurde; eine weitere Assoziation (c) ist eine Erinnerung an die Schulzeit des Patienten, als er sich einmal sehr unglücklich fühlte, weil er vom ersten auf den zweiten Platz zurückversetzt worden war. Wenn sich auch der Patient nicht bewußt ist, daß zwischen diesen drei Assoziationen ein Zusammenhang besteht, so ist es doch für einen aufmerksamen Beobachter nicht schwer, den Faden zu finden. Genau wie im Traum ist das verdrängte Material auch bei der freien Assoziation oft einer Zensur unterworfen und entstellt. An der Stelle, wo die freie Assoziation bedeutsames verdrängtes Material ans Licht bringen könnte, fängt der Patient an, von trivialen Dingen zu reden, wird schläfrig, verliert den Mut, gerät in Zorn oder dergleichen. Er merkt nicht, daß es sich bei all diesen Reaktionen nur um Versuche handelt, von dem verdrängten Material wegzukommen.

Neben der Traumdeutung und der freien Assoziation hat Freud noch eine dritte Methode entdeckt, die ihm einen Blick in unbewußte Strebungen erlaubte: die *Übertragung*. Er stellte fest, daß seine Patienten oft Ideen über ihn und Reaktionen auf ihn hin entwickelten, die mit der Wirklichkeit nicht das geringste zu tun hatten. So sah ihn ein Patient vielleicht als einen allmächtigen oder allwissenden Menschen; ein anderer sah in ihm einen schwachen und schüchternen Mann, und für einen Dritten war er ein finsteres Ungeheuer. Wie in den oben erwähnten Dissoziationszuständen wurden auch diese Gefühle als völlig der Wirklichkeit entsprechend empfunden, und der Patient konnte sich nur schwer davon überzeugen, daß das nicht der Fall war. Weitere Beobachtungen ergaben, daß diese besonderen Gefühle kein Zufall waren, daß der Patient mit einer signifikanten Person seiner frühen Kindheit – mit Vater, Mutter oder etwa einem Bruder – ähnliche Erfahrungen gemacht hatte, und daß er unbewußt andere Menschen immer noch diesen Gefühlen aus seiner Kindheit entsprechend erlebte und sie daher nicht objektiv sah, sondern so, als ob es sich um jene wichtigen Gestalten aus seiner Kindheit handelte. Er *übertrug* sozusagen seine Erfahrung aus der Vergangenheit auf die Gegenwart.

Man kann den Begriff der Übertragung nicht verstehen, ohne auf eine andere Entdeckung Freuds Bezug zu nehmen: auf die *Bedeutung der ersten Kindheitsjahre,* und hier besonders der Beziehungen zu Eltern und Geschwistern, für die Charakterentwicklung des Kindes. Freud war zwar nie der Auffassung, daß das Neugeborene als unbeschriebenes Blatt auf die Welt kommt, auf das die Umwelt einfach ihren Text schreibt. Er war überzeugt, daß jedes Kind mit bestimmten konstitutionell gegebenen Eigenschaften geboren wird; und doch konnte er den ungeheuren Einfluß nachweisen, den frühe Kindheitserfahrungen auf die gesamte spätere Entwicklung haben. Das Phänomen der Übertragung beweist, daß der Erwachsene die Erfahrungen seiner frühen Kindheit oft in einem solchen Ausmaße bewahrt, daß er nicht fähig ist, die Welt objektiv zu sehen.

Der dynamische Charakterbegriff

1979

Freuds Charakterbegriff ist von nicht geringerer Bedeutung als die Begriffe des Unbewußten, der Verdrängung und des Widerstandes. Hier befaßte sich Freud mit dem Menschen als Ganzem und nicht nur mit einzelnen »Komplexen« und Mechanismen, wie etwa dem »Ödipuskomplex«, der »Kastrationsangst« und dem »Penisneid«. Natürlich war der Begriff des Charakters nichts Neues, aber der dynamische Charakterbegriff Freuds war neu in der Psychologie. Die dynamische Charakterauffassung versteht den Charakter als eine *relativ gleichbleibende Struktur von Leidenschaften*. Die Psychologen sprachen zu Freuds Zeit, genau wie sie es heute noch tun, vom Charakter in einem rein beschreibenden Sinn. So konnte man einen Menschen als ordentlich, ehrgeizig, fleißig, ehrlich usw. beschreiben, aber man bezog sich dabei auf einzelne, bei dem Betreffenden festzustellende *Charakterzüge* und nicht auf ein organisiertes System von Leidenschaften. Nur die großen Dramatiker wie Shakespeare und die großen Romanschreiber wie Dostojewski und Balzac haben den Charakter in diesem dynamischen Sinn geschildert, letzterer in der Absicht, den Charakter der verschiedenen Klassen der französischen Gesellschaft seiner Zeit zu analysieren.

Freud war der erste Psychologe, der den Charakter wissenschaftlich und nicht künstlerisch wie seine Vorgänger unter den Schriftstellern analysiert hat. Das von einigen seiner Schüler, besonders von K. Abraham, noch bereicherte Resultat war großartig. Freud und seine Schule haben vier Typen der Charakterstruktur klar unterschieden: den oral-rezeptiven, den oral-sadistischen, den analen und den genitalen Charakter. Nach Freud macht jeder Mensch, der sich auf normale Weise entwickelt, alle diese Stufen der Charakterstruktur durch. Viele Menschen bleiben auf einer dieser Entwicklungsstufen hängen und behalten als Erwachsene die Merkmale der betreffenden kindlichen Charakterstufe.

Unter dem oral-rezeptiven Charakter versteht Freud einen Menschen, der erwartet, materiell, emotional und intellektuell gefüttert zu werden. Es ist der Mensch mit dem »offenen Mund«, der von Grund auf passiv und abhängig ist und erwartet, daß man ihm das, was er braucht, geben wird – entweder, weil er es verdient, da er so gut und gehorsam ist, oder aber auch aufgrund eines hochentwickelten Narzißmus, der ihm das Gefühl gibt, ein so prachtvoller Mensch zu sein, daß er Anspruch auf die Fürsorge anderer habe. Dieser Charaktertyp erwartet, daß ihm alles dargeboten wird, was ihn befriedigt, ohne daß er eine Gegenleistung zu bieten hat.

Auch der oral-sadistische Mensch glaubt, daß alles, was er braucht, von außen kommt und daß er es sich nicht selbst erarbeiten muß. Im Gegensatz zum oral-rezeptiven Charakter erwartet er jedoch nicht, daß irgend jemand ihm das, was er braucht, freiwillig gibt, sondern er versucht, das, was er braucht, anderen mit Gewalt abzunehmen. Er ist ein räuberischer, ausbeuterischer Charakter.

Der dritte Charaktertyp ist der anal-sadistische Charakter. Eine solche Charakterstruktur haben Menschen, die nicht glauben können, daß jemals etwas Neues geschaffen wird, so daß die einzige Möglichkeit, etwas zu haben, darin besteht, das, was man hat, zu behalten. Sie halten sich für eine Art Festung, aus der nichts hinausdarf. Ihre Sicherheit sehen sie in ihrer Isolierung. Freud hat bei ihnen folgende drei Charakterzüge festgestellt: sie sind ordentlich, sparsam und eigensinnig.

Der vollentwickelte und sozusagen reife Charaktertyp ist der genitale Charakter. Während die drei »neurotischen« Charakter-Orientierungen deutlich zu erkennen sind, ist der genitale Charakter recht unbestimmt. Freud sagt, er sei die Grundlage für die Fähigkeit zu arbeiten und zu lieben. Nach allem, was wir über Freuds Auffassung von der Liebe hörten, kann er darunter nur die degradierte Form von Liebe in einer Gesellschaft von Profitjägern verstehen. Freud versteht unter dem genitalen Charakter ganz einfach den bürgerlichen Menschen, das heißt den Mann, dessen Fähigkeit zur Liebe eingeschränkt und dessen »Arbeit« in dem Bemühen besteht, die Arbeit anderer zu organisieren und auszunutzen, ein Manager und kein Arbeiter zu sein.

Die drei »neurotischen« oder – wie Freud sagen würde – »prägenitalen« Charakter-Orientierungen sind eben deshalb der Schlüssel zum Verständnis des menschlichen Charakters, weil sie sich nicht auf einen einzelnen Charakter*zug,* sondern auf das ganze Charakter*system* beziehen. Es ist im allgemeinen leicht zu erkennen, zu welchem Charaktertyp jemand gehört, selbst wenn man nur wenig über ihn weiß. Der Mensch mit den zusammengepreßten Lippen, der sich auf sich selbst zurückzieht und dem es vor allem wichtig ist, daß alles seine Ordnung hat und richtig gemacht wird, der wenig spontan ist und der oft eine blasse Hautfarbe hat, ist leicht als analer Charakter zu erkennen. Weiß man von ihm, daß er geizig, wenig freigebig und auf Distanz bedacht ist, hat man damit eine Bestätigung. Das gleiche gilt für den ausbeuterischen und den rezeptiven Charaktertyp. Natürlich geben sich die Menschen Mühe, ihr wahres Gesicht zu verbergen, wenn sie sich darüber klar sind, daß es Neigungen verrät, die sie lieber nicht preisgeben möchten. Daher ist auch der Gesichtsausdruck nicht einmal immer der wichtigste Hinweis auf die Charakterstruktur. Wichtiger sind jene Ausdrucksformen, die weit weniger kontrollierbar sind, wie die Bewegungen, die Stimme, der Gang und die Gesten – alles, was uns an einem Menschen auffällt, wenn wir ihn ansehen oder wenn wir ihn vor uns hergehen sehen.

Menschen, welche die Bedeutung der drei prägenitalen Charakterzüge begriffen haben, verstehen sich ohne weiteres, wenn sie von dem oder jenem sagen, er sei ein analer Charakter, oder wenn sie von einer Mischung aus analen und oralen Charakterzügen oder von speziell oral-sadistischen Zügen reden. Es war Freuds geniale Leistung, daß er in diesen Charakter-Orientierungen alle möglichen Wege erfaßt hat, wie ein Mensch sich im »Prozeß der Assimilierung« zur Welt in Beziehung setzen kann, das heißt wie er sich das von der Natur oder von anderen Menschen verschafft, was er zu seinem Überleben braucht. Das Problem liegt nicht darin, daß wir alle etwas von außen erhalten müssen; selbst der Heilige könnte ohne Nahrung nicht bestehen. Das wahre Problem liegt darin, auf welche Weise wir es uns verschaffen, ob unsere Methode im Annehmen, im Rauben, im Horten oder im produktiven Arbeiten besteht.

Seit Freud und einige seiner Schüler diese Charakterologie entwickelt haben, ist unser Verständnis vom Menschen und von den Kulturen erheblich gewachsen. Ich spreche von Kulturen, weil man nämlich auch Gesellschaften anhand dieser Charakterstrukturen charakterisieren kann, da ihr jeweiliger Gesellschafts-Charakter, das heißt der den meisten Mitgliedern einer Gesellschaft gemeinsame Kern des Charakters, ebenfalls dem einen oder anderen Typen entspricht. Um nur ein Beispiel zu geben: Der Charakter der französischen Mittelklasse des neunzehnten Jahrhunderts entsprach der analen Charakterstruktur, während der Charakter des Unternehmers derselben Epoche der des Ausbeuters war. [...]

Der wichtigste Beitrag Freuds zu seiner Charakterologie ist seine Abhandlung *Charakter und Analerotik* (S. Freud, 1908b). Hier werden alle drei Züge des analen Charakters: Ordentlichkeit, Sparsamkeit und Eigensinn als direkte Ausdrucksformen, als Reaktionsbildungen zur analen Libido oder als deren Sublimierung angesehen. Das gleiche gilt für die anderen Charakterstrukturen in bezug auf die orale und die genitale Libido.

Freud hat viele der großen Leidenschaften wie Liebe, Haß, Ehrgeiz, Machthunger, Geiz und Grausamkeit und auch die leidenschaftliche Sehnsucht nach Unabhängigkeit und Freiheit den verschiedenen Arten der Libido zugeordnet. In seinen späteren Theorien, die sich mit dem Todes- und Lebenstrieb befassen, nahm Freud an, daß Liebe und Haß im wesentlichen biologischen Ursprungs seien. Seitdem nehmen orthodoxe Analytiker wegen seiner Konstruktion des Lebens- und Todestriebes an, daß die Aggression ein ebenso ursprünglicher mit der menschlichen Natur gegebener Trieb sei wie die Liebe. Das Streben nach Macht brachte Freud mit dem analsadistischen Charakter in Verbindung. Doch muß man zugeben, daß das Machtstreben, vielleicht der wichtigste Trieb im modernen Menschen, in der psychoanalytischen Literatur nicht die gebührende Beachtung gefunden hat. Abhängigkeit wird als Unterwerfung aufgefaßt, die auf verschiedene Weise mit dem Ödipuskomplex in Beziehung steht. Diese Rückführung der großen Leidenschaften auf verschiedene Arten der Libido war für Freud eine theoretische Notwendigkeit, da außer dem Streben nach Überleben alle Energien im Menschen für ihn sexueller Natur waren. In seiner späteren Theorie vom Todestrieb und vom Lebenstrieb hat er die ältere, im wesentlichen physiologisch orientierte Theorie durch eine biologische Theorie der Polarität von integrierenden Kräften des Lebenstriebs und den destruktiven Kräften des Todestriebs ersetzt.

Die Traumdeutung

1979

Selbst wenn Freud keine Neurosentheorie entwickelt und keine therapeutische Methode erfunden hätte, wäre er trotzdem einer der hervorragendsten Gelehrten innerhalb der Wissenschaft vom Menschen, weil er die Kunst der Traumdeutung entdeckt hat. Natürlich hat man zu allen Zeiten versucht, Träume zu deuten. Wie könnte das auch anders sein, da die Menschen doch morgens aufwachen und sich an merkwürdige Erlebnisse erinnern, die sie während des Schlafes hatten? Es hat viele Methoden der Traumdeutung gegeben, von denen sich viele auf Aberglauben und irrationale Ideen gründeten, doch weisen auch manche ein tiefes Verständnis für die Bedeutung des Traumes auf. Dieses Verständnis kommt nirgends klarer zum Ausdruck als in der Feststellung des Talmud: »Ein Traum, der nicht gedeutet wurde, ist wie ein Brief, der nicht geöffnet wurde.« Mit diesem Satz wird anerkannt, daß ein Traum eine Botschaft ist, die wir an uns selber richten und die wir verstehen müssen, um uns selber zu verstehen. Aber trotz der langen Geschichte der Traumdeutung war Freud der erste, der ihr eine systematische und wissenschaftliche Grundlage gab. Er hat uns die Werkzeuge für das Verständnis unserer Träume geliefert, die jeder benutzen kann, wenn er ihre Handhabung gelernt hat.

Man kann die Bedeutung der Traumdeutung kaum überschätzen. Vor allem gibt sie uns Kenntnis von Gefühlen und Gedanken, die in uns existieren, deren wir uns aber im wachen Zustand nicht bewußt sind. »Die Traumdeutung ist die Via regia (königlicher Weg) zur Kenntnis des Unbewußten

27

im Seelenleben« (S. Freud, 1900a, S. 613). Außerdem ist der
Traum ein kreativer Akt, bei dem auch der Durchschnittsmensch zeigt, daß schöpferische Kräfte in ihm vorhanden
sind, von deren Existenz er, solange er wach ist, keine
Ahnung hat. Freud hat außerdem entdeckt, daß Träume nicht
einfach Ausdruck unbewußter Strebungen sind, sondern daß
sie gewöhnlich entstellt werden durch den Einfluß einer subti-
len Zensur, die selbst im Schlaf noch vorhanden ist und uns
zwingt, die wahre Bedeutung unserer Traumgedanken (den
latenten Traum) so zu entstellen, daß der Zensor sozusagen
hinters Licht geführt wird und zuläßt, daß die verborgenen
Gedanken nur dann die Grenze des Bewußtseins passieren,
wenn sie genügend verhüllt sind. Diese Auffassung führte
Freud zu der Annahme, daß jeder Traum (mit Ausnahme der
Träume von Kindern) entstellt ist und daß man mit Hilfe der
Traumdeutung seine ursprüngliche Bedeutung wiederherstel-
len muß. Freud hat eine allgemeine Traumtheorie entwickelt.
Er nahm an, daß der Mensch während der Nacht viele
Impulse und Wünsche – besonders sexueller Art – hat, die
seinen Schlaf unterbrechen würden, wenn er nicht im Traum
die Erfüllung dieser Wünsche erlebte, so daß er nicht aufzu-
wachen braucht, um nach einer realistischen Befriedigung
dafür zu suchen. Für Freud sind die Träume der verhüllte
Ausdruck der Erfüllung sexueller Wünsche. Der Traum als
Wunscherfüllung: Das war die grundlegende Einsicht, die
Freud auf dem Gebiet der Traumdeutung gemacht hat. Ein
naheliegender Einwand gegen seine Theorie war der, daß wir
auch viele Alpträume haben, die man nur schwer als Wunscherfüllung deuten kann, da sie ja so unangenehm sind, daß sie
gelegentlich den Schlaf unterbrechen. Aber Freud wußte dieses Argument auf geistreiche Weise zu widerlegen. Er wies
darauf hin, daß es sadistische oder masochistische Wünsche
gibt, die eine große Angst hervorrufen, aber dennoch Wünsche bleiben, die der Traum befriedigt, auch wenn ein anderer
Teil unseres Selbst vor dieser Art von Wünschen erschrickt.

Die Übereinstimmung von Freuds Traumdeutung mit seinem ganzen System ist so verblüffend, daß seine Auffassungen als Arbeitshypothese höchst imponierend sind. Wenn man aber andererseits Freuds Grundauffassung von der Sexualität nicht teilt, liegen doch einige andere Erwägungen nahe. So könnte man zum Beispiel, anstatt anzunehmen, daß der Traum die entstellte Wiedergabe eines Wunsches ist, die Hypothese aufstellen, daß der Traum jedes Gefühl, jeden Wunsch, jede Angst oder jeden Gedanken darstellt, falls diese nur wichtig genug sind, um im Schlaf gegenwärtig zu sein, und daß ihr Auftreten im Traum ein Zeichen für ihre Wichtigkeit ist. Ich habe bei meiner Beobachtung von Träumen gefunden, daß viele Träume keinen Wunsch enthalten, sondern vielmehr Einsichten in die eigene Situation oder in die Persönlichkeit anderer vermitteln. Um diese Funktion richtig einschätzen zu können, muß man sich die Besonderheit des Schlafzustandes klarmachen. Während des Schlafes sind wir von der Aufgabe befreit, durch Arbeit oder Verteidigung gegen mögliche Gefahren für die Erhaltung unserer Existenz zu sorgen (nur Signale einer unmittelbaren, dringenden Gefahr wecken uns auf). Wir stehen nicht unter dem Einfluß des gesellschaftlichen »Lärms«, worunter ich das verstehe, was die anderen sagen, den öffentlichen Unsinn *(common nonsense)* und das Kranksein der Gesellschaft. Vielleicht könnte man sagen, der Schlaf ist die einzige Situation, in der wir wirklich frei sind. Das hat zwei Konsequenzen: Die eine besteht darin, daß wir die Welt subjektiv sehen und nicht von dem Standpunkt aus, der uns in unserem wachen Leben objektiv leitet, das heißt so, wie wir die Welt sehen müssen, um sie in den Griff zu bekommen. Im Traum kann zum Beispiel das Element des Feuers Liebe oder Zerstörung bedeuten, auf jeden Fall ist es ein anderes Feuer als das, auf dem man kocht. Der Traum ist poetisch und er spricht – dies ist eine weitere Konsequenz – die universale Sprache der Symbole, an der grundsätzlich alle Epochen und alle Kulturen teilhaben. Es ist genau wie die

Sprache von Dichtung und Kunst eine universale Sprache, welche die Menschheit entwickelt hat. Wir sehen die Welt im Traum nicht so, wie wir sie sehen müssen, wenn wir etwas aus ihr machen wollen, sondern wir sehen sie poetisch in ihrer Bedeutung, die sie für uns besitzt. [...]

Freud hat entdeckt, daß viele Träume die Tendenz aufweisen, ihre wahre Bedeutung zu verbergen und sie in einer Art auszudrücken, die der vergleichbar ist, wie ein politischer Schriftsteller in einer Diktatur arbeitet, der seinen Gedanken zwischen den Zeilen Ausdruck verleiht oder über ein Ereignis im klassischen Griechenland spricht, wenn er in Wirklichkeit zeitgenössische Begebenheiten meint. Für Freud ist der Traum daher niemals eine offene Mitteilung, sondern er ist mit einer verschlüsselten Nachricht zu vergleichen, die erst entschlüsselt werden muß, um verständlich zu sein. Die Verschlüsselung wird so vorgenommen, daß der Träumer sich selbst dann sicher fühlt, wenn er in seinem Traum Gedanken zum Ausdruck bringt, die nicht in die Denkmodelle der Gesellschaft hineinpassen, in der er lebt. Ich möchte damit betonen, daß die Traumzensur mehr gesellschaftliche Merkmale aufweist, als Freud vermutete, doch spielt das in unserem Zusammenhang keine Rolle. Worauf es hier ankommt, ist Freuds Erkenntnis, daß der Traum dechiffriert werden muß. In dieser einfachen, dogmatischen Formulierung hat diese Einsicht jedoch häufig zu Irrtümern geführt. Nicht jeder Traum muß dechiffriert werden, und das Ausmaß, in dem dies geschehen muß, variiert stark von Traum zu Traum.
Ob eine Dechiffrierung notwendig ist und bis zu welchem Grad sie zu erfolgen hat, hängt von den Sanktionen ab, welche die Gesellschaft über die verhängt, die undenkbare Gedanken denken, wenn sie schlafen. Außerdem hängt es von individuellen Faktoren ab: wie unterwürfig und ängstlich jemand ist und wieweit er sich deshalb genötigt fühlt, Gedanken, die ihm gefährlich werden könnten, zu verschlüsseln.

Wenn ich »gefährlich« sage, so meine ich damit nicht speziell die äußeren Sanktionen der Gesellschaft gegen die, die gefährliche Gedanken hegen. Das kommt zwar auch vor und wird nicht dadurch aufgehoben, daß es sich schließlich um unsere Schlafgedanken, das heißt um unsere Träume handelt, die geheim bleiben und von denen niemand etwas weiß. Wenn es wichtig ist, gefährliche Gedanken zu vermeiden, darf man sie nicht einmal im Traum denken, weil sie tief verdrängt bleiben müssen. Gefährliche Gedanken können Gedanken sein, die bestraft würden, wenn sie bekannt würden, oder deretwegen jemand in seinem täglichen Leben leiden müßte, falls sie ans Licht kämen. Solche Gedanken gibt es, wie wir alle wissen, und die Menschen haben ein deutliches Gefühl dafür, was sie besser nicht sagen und daher besser auch nicht denken, wenn sie keine Nachteile dadurch haben wollen. Ich spreche hier jedoch nicht in erster Linie von Gedanken, die deshalb gefährlich sind, weil sie etwas Spezifisches aussagen, das mit Sanktionen belegt wäre, sondern weil sie sich außerhalb des Bezugsrahmens des gesunden Menschenverstandes bewegen. Es sind Gedanken, die allenfalls von einer ganz kleinen Gruppe geteilt werden und die deshalb dem Betreffenden ein Gefühl der Isolierung, des Alleinstehens und der Kontaktlosigkeit geben. Eben diese Erfahrung bildet den Kern des Wahnsinns, zu dem es dann kommt, wenn jemand jede Verbindung mit anderen Menschen abgeschnitten hat.

So bedeutend Freuds Entdeckung der Traumzensur war, so beeinträchtigt sie doch andererseits auch unser Verständnis der Träume, wenn man sie nämlich dogmatisch und ohne Unterschied auf jeden einzelnen Traum anwendet.

Ich halte es für angebracht, zwischen zwei Arten von Symbolen zu unterscheiden, nämlich zwischen den *universalen* und den *zufälligen* Symbolen. Das zufällige Symbol besitzt keine innere Verwandtschaft mit dem, was es symbolisiert. Nehmen wir beispielsweise an, jemand habe in einer bestimmten Stadt ein betrübliches Erlebnis gehabt. Hört er dann den Namen dieser Stadt, so wird er ihn leicht mit einer niedergedrückten Stimmung in Verbindung bringen, genauso wie er ihn mit einer fröhlichen Stimmung in Zusammenhang brächte, falls er dort ein glückliches Erlebnis gehabt hätte. Natürlich hat die Stadt an sich nichts Trauriges oder Fröhliches an sich. Es ist das mit ihr verbundene persönliche Erlebnis, das sie zu einem Symbol dieser Stimmung macht. Zur gleichen Reaktion kann es in Verbindung mit einem bestimmten Haus, einer Straße, einem Kleid, einer gewissen Szenerie oder irgend etwas sonst kommen, was irgendwann einmal mit einer spezifischen Stimmung in Zusammenhang gestanden hat. Das Bild im Traum repräsentiert dann diese Stimmung, die wir einmal in ihr erlebt haben. Hier ist der Zusammenhang zwischen dem Symbol und dem symbolisierten Erlebnis rein zufällig.

Wir brauchen daher die Assoziationen des Träumers, um zu verstehen, was das zufällige Symbol für ihn bedeutet. Wir könnten seine Bedeutung vermutlich nicht verstehen, wenn der Betreffende uns nichts über sein Erlebnis in der Stadt oder über den Menschen, von dem er träumte, und von seinen Erlebnissen mit ihm erzählte.

Beim *universalen* Symbol dagegen besteht eine innere Beziehung zwischen dem Symbol und dem, was es repräsentiert. Nehmen wir zum Beispiel das Symbol des Feuers. Wir sind von bestimmten Eigenschaften des Feuers im Kamin fasziniert, vor allem von seiner Lebendigkeit. Es verändert und bewegt sich die ganze Zeit und besitzt doch eine gewisse Beständigkeit. Es bleibt das gleiche, ohne gleich zu bleiben. Es macht den Eindruck von Kraft, von Energie, von Anmut und Leichtigkeit. Es ist, als ob es tanzte und eine unerschöpfliche Energiequelle besäße. Wenn wir uns des Feuers als eines Symbols bedienen, dann beschreiben wir innere Erlebnisse, die durch die gleichen Elemente gekennzeichnet sind, die wir beim Anblick des Feuers sinnlich wahrnehmen: Wir haben ein

Gefühl von Kraft, Leichtigkeit, Bewegung, Anmut und Fröhlichkeit – wobei in unserem Gefühl einmal das eine, einmal das andere dieser Elemente dominiert. Doch Feuer kann auch zerstörerisch und von verwüstender Kraft sein. Wenn wir von einem brennenden Haus träumen, dann symbolisiert das Feuer Destruktivität und nicht Schönheit.

In gewisser Hinsicht ähnlich und doch auch wieder anders ist das Symbol des Wassers – des Meeres oder eines Flusses. Auch hier finden wir die Mischung von ständiger Bewegung und gleichzeitiger Beständigkeit. Auch hier empfinden wir das Lebendige, die Kontinuität, die Energie. Aber ein Unterschied ist vorhanden: Während das Feuer etwas Abenteuerliches, Behendes, Aufregendes an sich hat, ist das Wasser ruhig, langsam und stetig.

Das universale Symbol ist das einzige, bei dem die Beziehung zwischen dem Symbol und dem, was es symbolisiert, nicht zufällig, sondern ihm immanent ist. Es wurzelt in der Erfahrung von der inneren Beziehung zwischen Emotion oder Gedanke einerseits und der sinnlichen Erfahrung andererseits. Man kann es deshalb als universal bezeichnen, weil es allen Menschen gemeinsam ist, und dies nicht nur im Gegensatz zu dem rein zufälligen, sondern auch im Gegensatz zum *konventionellen* Symbol (wie zum Beispiel einem Verkehrssignal), das sich auf eine Gruppe von Menschen beschränkt, die eine gleiche Übereinkunft getroffen haben. Das universale Symbol ist in den Eigenschaften unseres Körpers, unserer Sinne und unseres Geistes verwurzelt, die allen Menschen gemeinsam und daher nicht auf einzelne Individuen oder spezifische Gruppen beschränkt sind. Tatsächlich ist das universale Symbol die einzige von der gesamten Menschheit entwickkelte Sprache.

Für Freud sind fast alle Symbole zufälliger Art mit der einzigen Ausnahme der sexuellen Symbole; ein Turm oder ein Stock ist ein Symbol für die männliche Sexualität und ein Haus oder das Meer ein Symbol für die weibliche Sexualität.

Im Gegensatz zu Jung, der der Meinung war, daß alle Träume in einem klaren unverschlüsselten Text geschrieben sind, dachte Freud das genaue Gegenteil: Kein Traum sei zu verstehen, wenn man ihn nicht entschlüssele.

Das Menschenbild
und die Triebtheorie

1970

Was Freuds Vorstellung vom Menschen angeht, so ist es wichtig, zunächst darauf hinzuweisen, daß er – verwurzelt in der Philosophie des Humanismus und der Aufklärung – von der Annahme der Existenz des *Menschen an sich* ausgeht – eines universalen Menschen, nicht nur des Menschen, wie er sich in den verschiedenen Kulturen manifestiert, sondern eines Menschen, über dessen Struktur allgemeingültige empirische Feststellungen getroffen werden können. Freud, wie vor ihm Spinoza, konstruierte ein »Modell der menschlichen Natur«, auf dessen Basis nicht nur Neurosen, sondern alle grundlegenden Aspekte, Möglichkeiten und Notwendigkeiten menschlicher Existenz erklärt und verstanden werden können.

Wie sieht dieses Freudsche Modell des Menschen aus?

Freud sah den Menschen als geschlossenes System, das von zwei Kräften angetrieben wird: den Selbsterhaltungs- und den Sexualtrieben. Die Sexualtriebe sind in chemophysiologischen Prozessen verankert, die phasisch ablaufen. Die erste Phase erhöht Spannung und Unlust; die zweite reduziert die aufgestaute Spannung und erzeugt dabei das, was subjektiv als »Lust« empfunden wird. Der Mensch ist zunächst ein isoliertes Wesen, dessen primäres Interesse der optimalen Befriedigung seines Ichs und seiner libidinösen Wünsche gilt. Freuds Mensch ist der physiologisch angetriebene und motivierte *homme machine*. Aber an zweiter Stelle ist der Mensch auch ein soziales Wesen, denn er braucht andere Menschen zur Befriedigung seiner libidinösen wie auch seiner Selbsterhaltungstriebe. Das Kind braucht die Mutter (hier folgen – nach

Freud – die libidinösen Wünsche dem von den physiologischen Bedürfnissen vorgezeichneten Pfad); der Erwachsene braucht einen Sexualpartner. Gefühle wie Zärtlichkeit oder Liebe werden als Phänomene angesehen, die die libidinösen Wünsche begleiten und aus ihnen resultieren. Die Individuen bedürfen einander als Mittel zur Befriedigung ihrer physiologisch verwurzelten Triebe. Der Mensch hat *primär* keine Beziehung zum anderen und wird nur *sekundär* in Beziehungen zu anderen hineingezwungen oder zu ihnen verführt.

Freuds *homo sexualis* ist eine Variante des klassischen *homo oeconomicus*. Er ist der isolierte, selbstgenügsame Mensch, der in Beziehung zu anderen treten muß, um zur gegenseitigen Befriedigung der Bedürfnisse zu gelangen. Der *homo oeconomicus* hat ökonomische Bedürfnisse, die ihre gegenseitige Befriedigung im Austausch von Waren auf dem Warenmarkt finden. Die Bedürfnisse des *homo sexualis* sind physiologisch und libidinös bedingt und werden normalerweise durch die Beziehung der Geschlechter zueinander gegenseitig befriedigt. Bei beiden Varianten bleiben die Personen im wesentlichen Fremde füreinander, deren einzige Beziehung das gemeinsame Ziel der Triebbefriedigung ist. [...]

Freud war ein Schüler von Brückes, einem Physiologen, der zu den angesehensten Repräsentanten des mechanistischen Materialismus gehörte, speziell in seiner deutschen Ausprägung. Diese Form des Materialismus war auf das Prinzip gegründet, daß alle psychischen Phänomene ihre Wurzeln in physiologischen Prozessen haben, und *daß sie hinreichend erklärt und verstanden werden können,* wenn man diese Wurzeln kennt.

Auf der Suche nach den Wurzeln psychischer Störungen mußte Freud nach einem physiologischen Substrat der Triebe Ausschau halten; dieses in der Sexualität zu entdecken, war die ideale Lösung, da sie sowohl mit den Erfordernissen mechanistisch-materialistischen Denkens als auch mit gewissen klinischen Befunden bei den Patienten seiner Zeit und seiner Gesellschaftsschicht übereinstimmte. Es bleibt natürlich ungewiß, ob diese Befunde Freud so tief beeindruckt hätten, wenn er nicht in den Kategorien seines spezifischen Weltbilds gedacht hätte, doch kann kaum bezweifelt werden, daß dieses eine wichtige Determinante seiner Triebtheorie war. Das bedeutet, daß jemand mit einem anderen Weltbild sich Freuds Ergebnissen mit einer gewissen Skepsis nähern wird. Diese Skepsis bezieht sich nicht so sehr auf Freuds Theorie in eingeschränkter Form, wonach bei *manchen* neurotischen Störungen sexuelle Faktoren eine entscheidende Rolle spielen; sie gilt vielmehr der Behauptung, daß *alle* Neurosen und alles menschliche Verhalten durch den Konflikt zwischen den sexuellen und den Selbsterhaltungstrieben bestimmt werden.

Freuds Libidotheorie beruht auf dem Konzept des Mangels und setzt voraus, daß alles menschliche Streben nach Lust aus dem Bedürfnis resultiere, sich von unlustvollen Spannungen zu befreien, nicht aber daß Lust ein Phänomen des Überflusses ist, das auf größere Intensität und Vertiefung menschlichen Erlebens abzielt. Dieses Prinzip des Mangels ist charakteristisch für das Denken des Mittelstands und erinnert an Malthus, Benjamin Franklin oder auch einen durchschnittlichen Geschäftsmann des 19. Jahrhunderts. Es gibt viele Formen dieses Prinzips, aber im wesentlichen bedeutet es, daß die Menge aller Gebrauchsgüter notwendigerweise begrenzt ist und daher eine gleichmäßige Befriedigung aller unmöglich ist, weil wirklicher Überfluß unmöglich ist; in einem solchen Rahmen wird Mangel zum wichtigsten Stimulus menschlicher Aktivität.

Trotz ihrer gesellschaftlichen Determinanten bleibt Freuds Triebtheorie ein bedeutender Beitrag zum Modell des Menschen. Selbst wenn die Libidotheorie als solche nicht richtig ist, so ist sie doch symbolischer Ausdruck eines umfassenderen Phänomens: daß menschliches Verhalten das Produkt von Kräften ist, die, obgleich im allgemeinen als solche unbewußt, den Menschen motivieren, antreiben und in Konflikte stürzen. Der relativ statische Charakter menschlichen Verhaltens ist trügerisch. Er existiert nur, weil das Kräftesystem, auf dem er beruht, dasselbe bleibt, und es bleibt dasselbe, solange die Bedingungen, die diese Kräfte formen, sich nicht verändern. Wenn sich aber diese Stabilität durch gesellschaftliche oder individuelle Bedingungen grundlegend ändert, dann verliert auch das Kräftesystem seine Stabilität und damit seinen scheinbar statischen Charakter.

Mit seinem dynamischen Begriff des *Charakters* hob Freud die Verhaltenspsychologie von der deskriptiven auf die wissenschaftliche Ebene. Er tat als Wissenschaftler für die Psychologie das, was die großen Dramatiker und Romanciers auf künstlerische Weise gestaltet hatten: Er zeigte den Menschen als Helden eines Dramas, der, selbst wenn er nur durchschnittlich begabt ist, ein Held bleibt, weil er leidenschaftlich versucht, der Tatsache, daß er geboren wurde, einen Sinn abzugewinnen. Freuds Drama *par excellence,* der Ödipuskomplex, mag eine harmlosere, bürgerliche Version von Kräften bieten, die weit elementarer sind als das damit beschriebene Vater-Mutter-Sohn-Dreieck, aber er hat dieses Dreieck in der dramatischen Qualität eines Mythos gesehen.

Diese Triebtheorie beherrschte Freuds systematisches Denken allerdings nur bis etwa 1920. In dieser Zeit begann nämlich eine neue Denkphase, die eine wesentliche Wandlung seiner Vorstellung vom Menschen begründete. An die Stelle des Gegensatzes zwischen Ichtrieben und libidinösen Trieben trat nun der Konflikt zwischen den Lebenstrieben (Eros) und dem Todestrieb. Die Lebenstriebe, die sowohl die Ichtriebe als auch die Sexualtriebe in sich schlossen, wurden dem Todestrieb gegenübergestellt, der als die Wurzel menschlicher Destruktivität angesehen wurde, sei sie nun gegen den Menschen selbst oder gegen die Außenwelt gerichtet. Diese neuen

Grundtriebe sind gänzlich anders konstruiert als die alten. Vor allem sind sie nicht in irgendeiner bestimmten Zone des Organismus lokalisiert, wie die Libido in den erogenen Zonen. Auch folgen sie nicht dem Muster des »hydraulischen« Mechanismus: steigende Spannung → Unlust → Entspannung → Lust → neue Spannung etc., sondern sie sind jeder lebenden Zelle eingeboren und wirken ohne besonderen Anreiz. Sie gehorchen auch nicht dem konservativen Prinzip der Rückkehr zur Ausgangssituation, das Freud für alle Triebe postuliert hatte. Eros hat die Neigung, zu vereinigen und zu integrieren; der Todestrieb hat die entgegengesetzte Neigung: zu desintegrieren und zu zerstören. Beide Triebe sind ständig im Menschen wirksam, bekämpfen einander und verbinden sich miteinander, bis schließlich der Todestrieb sich als der stärkere erweist und seinen letzten Triumph beim Tode des Individuums feiert.

Diese neue Triebauffassung deutet auf wesentliche Veränderungen in Freuds Denken hin, und wir können annehmen, daß diese Veränderungen mit fundamentalen gesellschaftlichen Veränderungen zu tun haben.

Das neue Triebkonzept folgt nicht dem Modell materialistisch-mechanistischen Denkens. Es kann vielmehr als biologisch-vitalistisch orientiertes Konzept angesehen werden – eine Veränderung, die einem allgemeinen Trend im biologischen Denken jener Zeit folgte. Wichtiger jedoch ist Freuds neue Beurteilung der Rolle der menschlichen Destruktivität. Zwar hatte er die Aggression in seinem ersten theoretischen Modell keineswegs übersehen; er hatte sie als wichtigen Faktor betrachtet, doch war sie den libidinösen Trieben und denen der Selbsterhaltung untergeordnet. In der neuen Theorie wird die Destruktivität zur Rivalin und schließlich zur Siegerin über die Libido und die Ich-Triebe. Der Mensch kann nicht anders: Er muß zerstören wollen, denn die destruktive Tendenz ist in seiner biologischen Konstitution verankert. Wenngleich er diese Tendenz bis zu einem gewissen Grade bekämpfen kann, vermag er doch niemals, sie aufzuheben. Er hat die Wahl, ob er seine Destruktivität entweder gegen sich selbst oder gegen die Außenwelt richten will, aber er hat keine Möglichkeit, sich aus diesem Dilemma zu befreien.

Es gibt gute Gründe für die Annahme, daß Freuds neue Beurteilung der Destruktivität auf das Erlebnis des Ersten Weltkriegs zurückzuführen ist. Dieser Krieg erschütterte die Grundpfeiler des liberalen Optimismus, der Freuds Leben bis dahin erfüllt hatte. Bis 1914 hatten die Angehörigen des Bürgertums geglaubt, daß die Welt sich rasch einem Zustand größerer Sicherheit, der Harmonie und des Friedens näherte. Die »Dunkelheit« des Mittelalters schien sich von Generation zu Generation aufzuhellen; noch ein paar Schritte, so schien es, und die Welt – oder zumindest Europa – würde den Straßen einer gut beleuchteten, wohlbeschützten Hauptstadt gleichen. In der bürgerlichen Euphorie der *belle époque* wurde leicht vergessen, daß dieses Bild für die Mehrheit der Arbeiter und Bauern Europas nicht der Wahrheit entsprach – und noch weniger für die Bevölkerung von Asien und Afrika. Der Krieg von 1914 zerstörte diese Illusion, nicht sosehr der Beginn des Krieges als seine Dauer und die Unmenschlichkeit seiner Methoden. Freud, der während des Krieges noch an die Rechtmäßigkeit und den Sieg der »deutschen Sache« glaubte, wurde davon tiefer getroffen als der durchschnittliche, weniger sensible Zeitgenosse. Er ahnte vermutlich, daß die optimistischen Hoffnungen der Aufklärung Illusionen waren und schloß, daß der Mensch von Natur aus dazu bestimmt sei, destruktiv zu sein. Gerade weil er ein Reformer war (vgl. E. Fromm, 1959a, GA VIII), muß der Krieg ihn um so härter getroffen haben. Da er kein radikaler Gesellschaftskritiker und kein Revolutionär war, war es ihm unmöglich, auf wesentliche gesellschaftliche Veränderungen zu hoffen; er war gezwungen, die Ursachen der Tragödie in der Natur des Menschen zu suchen. (Freud brachte diesen neuen Pessimismus in *Das Unbehagen in der Kultur* [S. Freud, 1930a] sehr deutlich

zum Ausdruck, wo er den Menschen als faul und einer starken
Führung bedürftig schildert.)

Historisch gesehen stand Freud an einer Grenze; er gehörte
einer Epoche radikaler Veränderung des Gesellschafts-Charakters an. Insoweit er ein Mann des 19. Jahrhunderts war,
war er ein Optimist, ein Denker der Aufklärung; insoweit er
dem 20. Jahrhundert angehörte, war er pessimistisch und fast
verzweifelt, repräsentativ für eine Gesellschaft, die einem
raschen, unvoraussehbaren Wandel unterlag. Vielleicht
wurde dieser Pessimismus durch seine schwere, qualvolle und
lebensbedrohende Krankheit verstärkt, eine Krankheit, die
bis zu seinem Tode andauerte und die er mit Heroismus
ertrug; vielleicht auch durch die Enttäuschung über den
Abfall einiger seiner begabtesten Schüler: Adler, Jung und
Rank. Wie dem auch sei, er konnte seinen verlorenen Optimismus nie mehr zurückgewinnen. Andererseits konnte und
wollte er sich nicht von seinen frühen Theorien völlig trennen.
Das ist vielleicht der Grund, weshalb er niemals den Widerspruch zwischen seinem alten und seinem neuen Begriff vom
Menschen auflöste; die Libido war unter den Eros subsumiert,
die Aggression unter den Todestrieb, aber man erkennt mit
schmerzhafter Deutlichkeit, daß dies nur theoretisches Flick-
werk war.

Großes Gewicht legt Freud in seinem Modell des Menschen
auf die Dialektik von Rationalität und Irrationalität. Die Ori-
ginalität und Größe des Freudschen Denkens wird an dieser
Stelle besonders deutlich. Als Nachfolger der Philosophen der
Aufklärung war Freud Rationalist und setzte auf die Macht
der Vernunft und die Kraft des menschlichen Willens, während er die Umstände der Erziehung – besonders in der Kindheit für das Böse im Menschen verantwortlich machte. Als
Mensch, der am Ende der Aufklärung lebte, war ihm aber der
ungebrochene Vernunftglaube der Aufklärung bereits verlo-
rengegangen. Vom Anfang seines Forschens an sah er deshalb
immer auch die Stärke der menschlichen Irrationalität und die

Schwäche der Vernunft. Als Brücke zwischen diesen beiden Polen, zwischen Vernunft und Irrationalität, diente der Begriff des Unbewußten. Wäre alles, was wirklich ist, bewußt, dann wäre der Mensch ein ganz und gar rationales Wesen, dessen bewußtes Denken ganz den Gesetzen der Logik folgt. Aber der überwiegende Teil seiner inneren Erfahrung ist unbewußt und unterliegt aus diesem Grund weder den Gesetzen der Logik noch der Kontrolle des vernünftigen Wollens. Im Unbewußten dominiert die Irrationalität; die Logik herrscht im Bewußten. Aber – und das ist entscheidend – das Unbewußte steuert das Bewußtsein und damit das Verhalten. Mit dieser Vorstellung von der Determiniertheit des Menschen durch das Unbewußte wiederholte Freud, ohne sich dessen bewußt zu sein, eine These, die schon Spinoza aufgestellt hatte. Doch während sie in Spinozas System nur peripher war, hatte sie bei Freud zentrale Bedeutung.

Freud löste den Konflikt nicht auf statische Weise, indem er einer der beiden Möglichkeiten den Vorzug gab. Hätte er die Vernunft zum Sieger erklärt, wäre er ein Aufklärungsphilosoph geblieben; hätte er der Irrationalität die entscheidende Rolle zugesprochen, wäre er ein konservativer Romantiker geworden, wie so viele bedeutende Denker des 19. Jahrhunderts. Obgleich es wahr ist, sagte Freud, daß der Mensch von irrationalen Kräften angetrieben wird – der Libido, vor allem in den prägenitalen Entwicklungsstadien –, sind sein Ich, seine Vernunft und sein Wille nicht ohne Stärke. Die Macht der Vernunft kommt in erster Linie in der Tatsache zum Ausdruck, daß der Mensch seine Irrationalität durch den Gebrauch der Ratio verstehen kann. Auf diese Weise begründete Freud die *Wissenschaft von der menschlichen Irrationalität* – die psychoanalytische Theorie. Aber er begnügte sich nicht mit der Theorie. Weil der Mensch im analytischen Prozeß sein Unbewußtes bewußtmachen kann, vermag er sich auch von der Vorherrschaft unbewußter Strebungen zu befreien. Anstatt sie zu verdrängen, kann er sie negieren, das heißt: Er kann ihnen die Befriedigung versagen und sie mit seinem Willen kontrollieren. Das ist möglich, so glaubte Freud, weil der Erwachsene ein stärkeres Ich zum Verbündeten hat als das Kind. Freuds psychoanalytische Theorie basiert auf der Hoffnung, die unbewußten Triebe überwinden oder zumindest einschränken zu können, die, im Dunkel wirkend, vordem der Kontrolle des Menschen nicht zugänglich gewesen waren.

Historisch gesehen kann man Freuds Theorie als die fruchtbare Synthese von Rationalismus und Romantik definieren; die kreative Macht dieser Synthese mag einer der Gründe sein, weshalb Freuds Denken im 20. Jahrhundert dominierenden Einfluß erlangte. Dieser Einfluß war nicht auf die Tatsache zurückzuführen, daß Freud eine neue Neurosentherapie entdeckte, und wahrscheinlich auch nicht vorwiegend auf seine Rolle als Verteidiger der verdrängten Sexualität. Es läßt sich vieles zugunsten der Annahme vorbringen, daß der wichtigste Grund für seinen umfassenden Einfluß auf die Kultur in dieser Synthese liegt, deren Fruchtbarkeit an den beiden wichtigsten Abtrünnigen Freuds, nämlich Adler und Jung, deutlich wird. Sie sprengten die Freudsche Synthese und kehrten zu den beiden ursprünglichen Gegensätzen zurück. Adler, verwurzelt in dem kurzlebigen Optimismus des aufsteigenden Mittelstands, konstruierte eine einseitige rationalistisch-optimistische Theorie, Er glaubte, daß gerade die angeborenen Unzulänglichkeiten die Voraussetzungen der Stärke seien und daß sich der Mensch durch das intellektuelle Verstehen einer Situation selbst befreien und die Tragödie des Leben überwinden könne.

Jung andererseits war ein Romantiker, der die Quellen aller menschlichen Kraft im Unbewußten suchte. Er erkannte die Fülle und Tiefe von Symbolen und Mythen klarer als Freud, dessen Vorstellungen durch seine Sexualtheorie eingeschränkt waren. Ihre Ziele waren jedoch entgegengesetzt. Freud wollte das Unbewußte verstehen, um es zu schwächen und zu kon-

trollieren. Jung wollte eine erhöhte Vitalität daraus schöpfen.
Ihr Interesse für das Unbewußte vereinte die beiden Männer
für eine gewisse Zeit, ohne daß sie gewahr wurden, daß sie
sich in entgegengesetzte Richtungen bewegten. Als sie auf
ihrem Wege innehielten, um über das Unbewußte zu sprechen, erlagen sie der Illusion, daß sie in der gleichen Richtung
gingen.

2

FROMMS REZEPTION
DER PSYCHOANALYSE
FREUDS

Freud war Mediziner. Fromm war Soziologe. Freud wurde in seinem erkenntnisleitenden Interesse primär von dem Wunsch des Arztes geleitet, Krankheiten zu heilen. Fromm interessierte – noch bevor er je etwas von Psychoanalyse gehört hatte – bereits in seiner Dissertation 1922 die Frage, was Menschen, die in einer ökonomisch, politisch und sozial ähnlichen Situation zusammenleben, verbindet: ob der »Kitt« des Zusammenlebens in den sozialen Institutionen zu sehen sei oder in psychischen Strebungen. Freud wurde in Denkfiguren einer kausal-materialistischen Medizin groß. Fromm studierte als Jugendlicher und Student vor allem den Talmud mit seinen paradoxen Denkfiguren und wurde in einem jüdischen religiösen Milieu groß, das sich gerade in der Abgrenzung vom liberalen Zeitgeist der Jahrhundertwende definierte.

Kein Wunder, daß Fromms eigene psychoanalytischen Erfahrungen zu einer eigenständigen Rezeption der Freudschen Psychoanalyse führten. Nicht, daß Fromm die Psychoanalyse nicht in ihrer klinischen Anwendung schätzte; er eröffnete seine erste Praxis als Psychoanalytiker 1930 im Haus Bayerischer Platz 1 in Berlin und war bis zu seinem Tode 1980 ein engagierter Therapeut, Kontroll- und Lehranalytiker. Fromm hatte ein besonderes erkenntnisleitendes Interesse, mit dem er die psychoanalytischen Entdeckungen Freuds rezipierte. Und Fromm war ein Analytiker der zweiten Generation. Er mußte nicht mehr helfen, die Entdeckungen der Psychoanalyse zu sichern, er konnte sie als gesicherte Erkenntnisse anwenden und umsetzen.

Noch bevor Fromm seine eigene Praxis eröffnete, hatte er in dem kleinen Beitrag »Psychoanalyse und Soziologie« (1929 a) sein spezielles Interesse an der Psychoanalyse formuliert: Es geht ihm konkret um die Frage, »welche Rolle das Triebhafte, Unbewußte im Menschen für die Gestaltungen und Entwicklungen der Gesellschaft und für einzelne gesellschaftliche Tatsachen spielt«. Da die Gesellschaft nicht ein eigenes Subjekt ist, sondern »in Wirklichkeit aus einzelnen Menschen besteht«, geht es darum, jene bewußten und vor allem unbewußten leidenschaftlichen Strebungen namhaft zu machen, die diesen, eine bestimmte Lebenspraxis teilenden Menschen aufgrund ihrer gemeinsamen ökonomischen und sozialen Situation zueigen sind. Fromm will also – in der Sprache Freuds formuliert – die »libidinöse Struktur der Gesellschaft« erforschen: Es geht ihm um den Gesellschafts-Charakter und um das gesellschaftliche Unbewußte und Verdrängte. Dessen Erkenntnis läßt gesellschaftliche Phänomene und Prozesse verstehen.

Dieser neue analytisch-sozialpsychologische Ansatz führt Fromm dazu, den Menschen überhaupt neu zu begreifen: Was uns im anderen zunächst und vor allem entgegentritt, sind jene leidenschaftlichen Züge, die er aufgrund des gemeinsamen Lebensschicksals mit uns teilt und die er, wie wir selbst, aus der gemeinsamen Notwendigkeit, sich mit den ökonomischen, gesellschaftlichen, politischen, arbeitsorganisatorischen Erfordernissen und deren Leitwerten zu identifizieren, entwickelt hat. Der Einzelne wird dabei als schon immer vergesellschaftetes Wesen verstanden, so daß jeder Mensch sich zuerst und vor allem durch seine Gesellschafts-Charakterzüge auszeichnet.

Der neue Ansatz:
Psychoanalyse der Gesellschaft
1931

Nachdem die Psychoanalyse den Schlüssel zum Verständnis des oft rätselhaften Handelns und Fühlens der Einzelpersönlichkeit geliefert hat, nachdem sie gezeigt hat, daß dieses irrationale Handeln und Erleben das Resultat bestimmter, dem Handelnden selbst oft unbewußter, aber ihn zwanghaft bestimmender Triebimpulse ist, lag es nahe, daran zu denken, daß die Psychoanalyse auch den Schlüssel zum Verständnis des oft ähnlich gelagerten *gesellschaftlichen* Handelns, des oft irrationalen *politischen* Geschehens liefern könne. Man ging mit Recht davon aus, daß die Gesellschaft aus lebendigen Individuen besteht, die keinen anderen psychologischen Gesetzmäßigkeiten unterliegen können, als sie die Analyse der Einzelpersönlichkeit aufgezeigt hat; man konnte leicht sehen, daß es unvernünftiges, triebbedingtes, zwanghaftes Handeln auch im gesellschaftlichen Leben gibt, und versuchte bald religiöse Rituale, Dogmen, Kriege, gewisse Volkssitten und eine Reihe anderer offenkundig irrational gefärbter gesellschaftlicher Erscheinungen zu analysieren. Ja, hie und da ging man sogar noch einen Schritt weiter. Man glaubte, daß nicht nur das gesellschaftliche Geschehen ebenso zu *verstehen* sein müsse, wie das individuell-neurotische, sondern daß auch die Schäden und Mißstände der Gesellschaft ebenso auf analytischem Wege *beseitigt* werden könnten, wie das mit dem Symptom oder Charakterzug des einzelnen Neurotikers möglich ist, daß man etwa den ewigen Frieden durch Massenanalyse herbeiführen könne, indem die blinde Aggression der Menschen »weganalysiert« wird. Gewiß eine verführerische Perspektive! Ob sie aber richtig ist und welche Rolle die analytische Anschauung im Verständnis gesellschaftlicher Vorgänge spielen kann, sollen die folgenden Ausführungen kurz beleuchten.

Erinnern wir uns einen Augenblick an die Methode des analytischen Verständnisses der Einzelpersönlichkeit. Sie läßt sich auf die einfache Formel bringen: Verständnis der Triebstruktur aus dem Lebensschicksal; hierbei ist nur zu ergänzen, daß insbesondere die Erlebnisse der frühkindlichen Periode eine entscheidende Rolle für die Entwicklung der späteren Persönlichkeit spielen und ferner, daß die Konstitution des Individuums in einem bestimmten, von Freud als »Ergänzungsreihe« verstandenen Verhältnis zum Lebensschicksal steht und daß beide Faktoren, Konstitution und Erleben, die Triebstruktur bedingen.

Handelt es sich um psychische Vorgänge – nicht im Individuum – sondern innerhalb der Gesellschaft, so muß die Methode dieselbe sein (vgl. hierzu E. Fromm, 1930a); auch hier ist die Aufgabe, die gemeinsamen, gesellschaftlich relevanten, seelischen Haltungen aus dem gemeinsamen Lebensschicksal der zu untersuchenden Gruppe zu verstehen. Das spezifisch Psychoanalytische ist hierbei die Zurückführung vieler Gefühle und Ideale auf bestimmte – körperlich verankerte – libidinöse Strebungen, das Verständnis verschleierter und entstellter Darstellungen *unbewußter* seelischer Inhalte und die Verbindung der Gefühlshaltungen der Erwachsenen mit den sie vorbereitenden und unterbauenden der Kindheit.

Was heißt gemeinsames Lebensschicksal? Es sind jene Lebensumstände, die über die individuellen Unterschiede im Leben der einzelnen hinaus – also etwa die Frage, ob jemand erstes oder mittleres Kind ist, einen strengen oder schwachen Vater hat oder was sonst an ähnlichem – die Lebensweise und Lebensbedingungen der Angehörigen einer gesellschaftlichen Schicht bestimmen. Es sind also in erster Linie die wirtschaftlichen, gesellschaftlichen und politischen Verhältnisse, unter denen eine Gruppe lebt. Für die Gesellschaft gilt, daß *die Ökonomie ihr Schicksal ist.*

So kommen wir zu dem Ergebnis, daß die Sozialpsychologie versuchen muß, sozialpsychische Erscheinungen aus der sozial-ökonomischen Situation zu verstehen. [...]

Es versteht sich von selbst, daß bei der Analyse sozialpsychologischer Erscheinungen ebenso gründliche und umfangreiche Kenntnisse des »Lebensschicksals« nötig sind wie bei der Analyse einer Einzelpersönlichkeit, d. h. aber praktisch die genaue Kenntnis der ökonomischen, sozialen und politischen Situation der zu untersuchenden Gruppe. Es ist ebenso klar, daß die Analogiebildung zwischen neurotischen Symptomen und sozialpsychischen Erscheinungen und Versuche, diese durch jene zu erklären, von noch geringerem wissenschaftlichen Wert sein müssen, als etwa die Deutungen, die ohne Kenntnis des Lebensschicksals und der Lebenssituation eines Menschen von seinen Symptomen, Charaktereigenschaften oder Träumen gegeben werden, rein aus der Analogie mit anderen bereits analysierten Fällen.

Ergibt sich so die Brauchbarkeit der Analyse, wenn sie nur richtig angewandt wird, für die Erforschung sozialpsychologischer Phänomene, so mag vielleicht die Erwartung nicht so unberechtigt erscheinen, daß sich die Psychoanalyse auch als eine Art *politisch-sozialer Therapie* brauchbar erweise. Man könnte vielleicht mit Recht erwarten, daß die Gesellschaft alle zweckwidrigen Handlungen aufgäbe, wenn es nur gelänge, ihr den unbewußten, irrationalen Sinn dieser Handlungen bewußtzumachen. So verlockend diese Perspektive ist, sowenig hält sie einer näheren Nachprüfung stand.

Was ist das Wesentliche des neurotischen Reagierens und inwiefern ist es durch die Analyse heilbar? Es ist gewiß nicht irrationales, triebhaftes Fühlen und Handeln an und für sich. Es ist vielmehr ein solches psychisches Verhalten, welches in Widerspruch zu den wirklichen Bedürfnissen und Notwendigkeiten der Gesamtpersönlichkeit steht und welches durch ein Fortbestehen und Haftenbleiben solcher Triebregungen bedingt ist, die einmal angepaßte Reaktionen in der Kindheit waren, aber inzwischen längst den Charakter der Angepaßtheit und Zweckmäßigkeit verloren haben. Die Neurose läßt sich als ein Spezialfall jener krankhaften Störungen verstehen, die auf einer mangelnden Fähigkeit des Organismus zur Anpassung an neue Lebensbedingungen beruhen. Die analytische Therapie versucht bis auf jene verdrängten Fixierungsstellen zurückzugehen, die Anlässe der Fixierung wieder bewußtzumachen und so dem nunmehr erstarkten und erwachsenen Ich der Persönlichkeit die Bewältigung jener Erlebnisse und Eindrücke zu ermöglichen, an denen das Ich einst gescheitert ist. Das Ziel der analytischen Therapie ist also Beseitigung unangepaßter, anachronistischer Verhaltensweisen und ihre Ersetzung durch zweckmäßige und der Realität angepaßte.

Warum sollte nicht derselbe Weg auch als Therapie der Massen gangbar sein?

Die Masse ist kein Neurotiker. Gewiß weist sie starke Reaktionen der verschiedensten Gefühlsarten auf, wie Liebe, Haß, Verehrung, Verachtung, Freude, Trauer und andere mehr. Gewiß auch sind die Gefühlshaltungen der Masse zu verstehen als Fortsetzung und Wiederholung bestimmter, in der Kindheit ausgebildeter Einstellungen. Aber welche Gefühlseinstellung bei den Angehörigen einer Gruppe dominierend wird und zu welchem Zeitpunkt dies geschieht, hängt von den realen Lebensbedingungen der Masse und deren Veränderungen ab. Sowenig die Trauerreaktion eines Menschen auf den Verlust eines geliebten Angehörigen, oder die Wut eines Untergebenen gegen einen ihn peinigenden Vorgesetzten »neurotisch« zu nennen ist und durch Analyse »heilbar« ist, ebensowenig ist es neurotisch, wenn sich eine unterdrückte Klasse gegen ihre Unterdrücker erhebt und in diesem Kampfe starke sadistische Impulse betätigt. Oder, um noch ein anderes Beispiel zu nennen, das Auftauchen eines neuen religiösen Glaubens, wie etwa des Urchristentums, ist kein krankhaftes Phänomen, das aus der Fixierung bestimmter Strebungen in der Kindheit der einzelnen Massenangehörigen zu verstehen wäre, sondern ein adäquates gefühlsmäßiges Reagieren auf die ökonomisch-politisch bedingte Verelendung der bäuerlich-proletarischen Klasse innerhalb des römischen Imperiums. Um es nochmals zu betonen, alle solche Erscheinungen wie religiöse Riten, Revolten, Kriege usw. sind nicht denkbar ohne das Vorhandensein triebhafter, in der Kindheit vorgebildeter seelischer Einstellungen (sowenig wie ein Krieg geführt werden kann ohne Waffen), aber diese Gefühlshaltungen sind ubiquitärer Natur und das Wann und Wo ihres Auftauchens ist die Folge sozialer Veränderungen; es sind aber nicht realitätsunangepaßte, an infantilen Fixierungsstellen haftende neurotische Reaktionen im oben beschriebenen Sinne.

Das quasi-neurotische Verhalten der Massen, das ein adäquates Reagieren auf aktuelle, reale, wenn auch schädliche und unzweckmäßige Lebensbedingungen ist, wird sich also nicht durch »Analysieren«, sondern nur durch die *Veränderung und Beseitigung eben jener Lebensbedingungen* »heilen« lassen. Man kann zwar eine Reihe politischer Erscheinungen mit Hilfe der Psychoanalyse besser verstehen, aber es wäre eine verhängnisvolle Täuschung zu glauben, daß die Psychoanalyse die Politik ersetzen kann.

Diese schroffe Ablehnung der Psychoanalyse als Mittel der Veränderung gesellschaftlicher Zustände bedarf in einem Punkte der Modifizierung.

Es geschieht nicht selten im gesellschaftlichen Leben, daß die Veränderung bestimmter Einrichtungen nicht deshalb unterlassen wird, weil die realen Verhältnisse es nicht gestatten, sondern weil bestimmte Illusionen die Menschen auch dann noch daran hindern, das für sie Zweckmäßige zu tun, wenn die realen Bedingungen, die diese Illusionen entstehen ließen, schon längst verschwunden sind. Der ideologische Überbau bleibt oft länger bestehen, als es der ökonomisch-soziale Unterbau notwendig machte. Indem die Psychoanalyse als Theorie geeignet ist, gewisse gesellschaftlich relevante Illusionen genetisch zu erklären und zu zerstören, kann sie in gewissen gesellschaftlichen Situationen auch eine politische Funktion bekommen, eine Funktion, die auch die wesentliche Ursache ihrer Ablehnung durch die offiziellen Stellen der Gesellschaft und insbesondere deren wissenschaftliche Beamte sein dürfte.

Die neue Sicht
der Charakterentwicklung

1932

Freud bringt die Sexualtriebe in einen engen Zusammenhang
mit den »erogenen Zonen« und nimmt an, daß die Sexualtriebe durch Reizung an diesen erogenen Zonen hervorgerufen werden. In der ersten Lebensperiode steht die Mundzone
und die mit ihr verknüpften Funktionen – Saugen und Beißen
–, dann, nach der Säuglingsperiode, die Afterzone mit ihren
Funktionen – Stuhlentleerung bzw. Stuhlzurückhaltung – und
vom 3. bis 5. Jahr die Genitalzone im Zentrum der Sexualität.
(Diese erste Blüte der genitalen Sexualität hat Freud als
»phallische Phase« bezeichnet, weil er annimmt, daß in dieser
Zeit für beide Geschlechter allein der Phallus bzw. die phal-
lisch erlebte Klitoris eine Rolle spielt, mit der Tendenz zum
Eindringen und Zerstören. Nach einer »Latenzzeit«, die etwa
bis zur Pubertät dauert, kommt es dann im Zusammenhang
mit der körperlichen Reifung zur Entwicklung der eigentli-
chen genitalen Sexualität, der die prägenitalen Sexualstrebungen unter- bzw. eingeordnet werden, d. h. zur endgültigen
Herstellung des »Primats« der Genitalität). Von dieser Organ-
erotik, d. h. also von der an eine bestimmte Körperzone bzw.
eine bestimmte mit dieser Zone verknüpfte Funktion gebun-
denen Organlust sind die Objektbeziehungen zu unterscheiden, d. h. die (liebenden oder hassenden) Einstellungen zu
den dem Menschen gegenübertretenden Mitmenschen, bzw.
der eigenen Person, mit anderen Worten die Gefühlseinstellung und -haltung zur Umwelt überhaupt. Auch die Objektbeziehungen haben einen typischen Verlauf: Nach Freud ist der
Säugling vorwiegend narzißtisch eingestellt, nur auf sich und

die Befriedigung seiner Bedürfnisse bedacht; in einer zweiten Periode, nach dem Ende der Säuglingszeit etwa, mehren sich sadistische, objektfeindliche Züge, die auch noch in der phallischen Phase eine wichtige Rolle spielen. Erst mit dem Primat der Genitalität in der Pubertät treten objektfreundliche, liebende Züge eindeutig in den Mittelpunkt. Die Objektbeziehungen werden in einen engen Zusammenhang mit den erogenen Zonen gebracht. [...]

Die hier skizzenhaft wiedergegebene psychoanalytische Theorie der Entwicklung der Sexualität und der Objektbeziehungen ist ein noch rohes und in vieler Beziehung hypothetisches Schema, an dem die analytische Forschung noch manche wichtige Punkte zu ändern und in das sie sehr viele neu einzutragen haben wird. Sie ist aber ein Ausgangspunkt, der das Verständnis der triebhaften Hintergründe der Charakterzüge ermöglicht und den Zugang zu einer Erklärung der *Entwicklung* des Charakters eröffnet.

Diese Entwicklung bedingen zwei Faktoren, die in verschiedener Richtung wirksam sind. Einmal ist es die körperliche Reifung des Individuums: vor allem das Wachstum der genitalen Sexualität und die physiologisch relativ geringer werdende Rolle der oralen und analen Zone, aber auch die Reifung der Gesamtpersönlichkeit und die damit verknüpfte geringere Hilflosigkeit, die eine objektfreundliche, liebende Haltung ermöglichen. Der zweite, die Entwicklung vorwärtstreibende Faktor wirkt von außen auf das Individuum ein; es sind die gesellschaftlichen, zunächst und am eindrucksvollsten durch die Erziehung vermittelten Regeln, die die Verdrängung der prägenitalen Sexualstrebungen bis zu einem hohen Grade verlangen und so gleichsam der genitalen Sexualität den Vormarsch erleichtern.

Dieser Vormarsch gelingt aber häufig nur unvollkommen, und die prägenitalen Positionen bleiben oft in direkter oder sublimierter Form überdurchschnittlich stark bestehen. Für ein überdurchschnittlich starkes Erhaltenbleiben prägenitaler Strebungen gibt es grundsätzlich zwei Ursachen: entweder eine Fixierung, d. h. durch besonders starke Befriedigungs- oder Versagungserlebnisse in der Kindheit blieben die präge- nitalen Wünsche gegen die Entwicklung resistent und erhiel- ten sich in besonderer Stärke; oder eine Regression, d. h. nachdem die normale Entwicklung beendet ist, führt eine besonders starke innere oder äußere Versagung zu einer Abwendung von der Liebe, einem Rückzug von der Genitali- tät zu jenen älteren prägenitalen Organisationsstufen der Libido. In der Wirklichkeit wirken gewöhnlich Fixierung und Regression zusammen, d. h. eine gewisse Fixierung stellt eine Disposition dar, die im Falle einer Versagung relativ leicht eine Regression auf die fixierte Triebstufe zur Folge hat.

Die psychoanalytische Charakterologie kann nicht nur durch den Nachweis der libidinösen Grundlagen der Charakterzüge deren dynamische Funktion als Produktivkraft in der Gesell- schaft verstehen lassen, sie bildet andererseits auch den Ansatzpunkt für eine Sozialpsychologie, die aufzeigt, daß die für eine Gesellschaft typischen, durchschnittlichen Charakter- züge ihrerseits durch die Eigenart dieser Gesellschaft bedingt sind. Diese soziale Beeinflussung der Charakterentwicklung geht zunächst und vor allem durch das Hauptmedium, durch das sich die psychische Formung des einzelnen im Sinne der Gesellschaft vollzieht, vor sich: durch die Familie. In welcher Weise und mit welcher Stärke bei einem Kind gewisse präge- nitale Strebungen unterdrückt oder verstärkt werden, in wel- cher Weise es zu Sublimierungen oder Reaktionsbildungen angeregt wird, hängt wesentlich von der Erziehung ab, die ihrerseits der Ausdruck der psychischen Struktur der Gesell- schaft ist. Aber über die Kindheit hinaus wirkt die Gesell- schaft auf die Ausbildung des Charakters ein. Für diejenigen Charakterzüge, die innerhalb einer bestimmten Wirtschafts- und Gesellschaftsstruktur bzw. innerhalb einer bestimmten Klasse am brauchbarsten sind, die ein Individuum am meisten innerhalb dieser Gesellschaft fördern, besteht etwas, was wir als »*soziale Prämie*« bezeichnen möchten und was bewirkt, daß sich der Charakter der »normalen« d. h. in dieser Gesellschaft als »gesund« geltenden Menschen im Sinne der Struktur dieser Gesellschaft anpaßt. Der Charakter entwickelt sich also im Sinne der Anpassung der libidinösen Struktur – zunächst durch das Medium der Familie, dann unmittelbar im gesellschaftlichen Leben – an die jeweilige gesellschaftliche Struktur. Eine ganz besondere Rolle spielt hierbei die Sexualmoral einer Gesellschaft. Es wurde gezeigt, daß die prägenitalen Strebungen zum entscheidenden Teil in der genitalen Sexualität aufgehen. In dem Maße, in dem innerhalb einer Gesellschaft die herrschende Sexualmoral die genitale Sexualbefriedigung hemmt, muß eine Verstärkung der prägenitalen Strebungen bzw. der aus ihnen formierten Charakterzüge eintreten. Durch die Verschärfung des Verbots genitaler Befriedigung wird das Zurückströmen der Libido zu den prägenitalen Positionen und damit das verstärkte Auftreten oraler und analer Charakterzüge im gesellschaftlichen Leben erreicht.

Da die Charakterzüge in der libidinösen Struktur verankert sind, zeigen sie auch eine relative Stabilität. Sie bilden sich zwar im Sinne der Anpassung an die gegebenen wirtschaftlichen und gesellschaftlichen Verhältnisse aus, aber sie verschwinden nicht ebenso rasch, wie sich diese Verhältnisse ändern. Die libidinöse Struktur, aus der sie erwachsen, hat eine gewisse Trägheit und Schwerkraft, und es bedarf erst wieder eines lang dauernden neuen Anpassungsprozesses an neue ökonomische Bedingungen, bis eine entsprechende Veränderung der libidinösen Struktur und der aus ihr erwachsenden Charakterzüge erfolgt. Hierin liegt ein Grund, warum der ideologische Überbau, der auf den für eine Gesellschaft typischen Charakterzügen basiert, sich langsamer verändert als der ökonomische Unterbau.

Die Anwendung der psychoanalytischen Charakterologie auf soziologische Probleme soll hier an einem konkreten Beispiel versucht werden. Jedoch handelt es sich dabei vor allem um einen Hinweis auf den zu beschreitenden Weg, nicht aber um die endgültige Beantwortung des als Beispiel gewählten Themas.

Hierfür scheint das Problem des »Geistes« des Kapitalismus, der seelischen Grundlagen der bürgerlichen Gesellschaft, aus zwei Gründen besonders geeignet zu sein: einmal weil der Teil der psychoanalytischen Charakterologie, der am meisten zum Verständnis des bürgerlichen Geistes heranzuziehen sein wird, die Theorie von den analen Charakterzügen, der relativ ausführlichste und gesichertste ist; zum andern weil über dieses Problem eine relativ große soziologische Literatur und Kontroverse besteht, die die Heranbringung eines neuen Gesichtspunktes, eben des psychoanalytischen, besonders empfiehlt. [...]

Die Eigenart des kapitalistisch-bürgerlichen Geistes läßt sich zunächst am leichtesten negativ beschreiben, durch das, was er im Vergleich mit dem vorkapitalistischen Geist, etwa dem des Mittelalters, nicht hat: Lebensglück und Lebensgenuß ist für die bürgerliche Psyche nicht mehr selbstverständlich bejahter Zweck, dem das Handeln und speziell das wirtschaftliche dient. Es ist dabei zunächst gleichgültig, ob es sich um den weltlichen Lebensgenuß, den die seigneurale Lebensführung der feudalen Klasse gewährt, handelt oder um die »Seligkeit«, die die Kirche der Masse versprach, oder auch um den relativen Genuß, den die Masse durch prunkvolle Feste, herrliche Gebäude und Bilder und viele Feiertage erhielt. Immer ist Anspruch auf Glück, Seligkeit, Genuß oder wie man es sonst bezeichnet, das selbstverständliche Recht des Menschen und der selbstverständliche Zweck wirtschaftlichen wie außerwirtschaftlichen Verhaltens.

Der bürgerliche Geist bringt hierin eine entscheidende und gar nicht zu übersehende Änderung: Das Glück hört auf, selbstverständlicher Zweck des Lebens zu sein, und etwas

anderes nimmt die oberste Stelle der Werte ein: die Pflicht.
Kraus stellt diesen Punkt als einen der wichtigsten Unterschiede zwischen der scholastischen und calvinistischen Einstellung heraus. »Was Calvins Arbeitsethos vom scholastischen streng unterscheidet, ist die Ausschaltung der Zwecksetzung und die Betonung eines formalen Berufsgehorsams, dem das *Material,* an dem es sich betätigt, völlig *indifferent* ist, der mit eherner Disziplin nur eines befiehlt: aus Gesinnungsgehorsam zu handeln« (L. Kraus, 1930, S. 245). Bei aller sonstigen Polemik gegen Max Weber erklärt Kraus: »Hier hat Weber gewiß recht, wenn er sagt, ›daß die Schätzung der Pflichterfüllung innerhalb der weltlichen Berufe als des höchsten Inhalts, den die sittliche Selbstbetätigung überhaupt annehmen kann‹ (M. Weber, 1920, S. 63 f.), der alten Kirche wie dem Mittelalter unbekannt waren.« Die Einschätzung der Pflicht (an Stelle von Glück oder Seligkeit) als obersten Wertes zieht sich vom Calvinismus durch das ganze bürgerliche Denken, ob nun theologisch oder wie immer rationalisiert.

Mit dem In-den-Mittelpunkt-Treten des Pflichtbegriffs geht eine andere Veränderung einher: Man wirtschaftet nicht mehr um des (standesgemäßen) Lebensunterhalts willen, sondern Besitzen und Sparen werden, unabhängig von dem Genuß des Erworbenen, zu ethischen Forderungen bzw. zu an sich lustvollem Verhalten. In der einschlägigen Literatur ist hierüber soviel Material beigebracht worden, daß wir uns hier mit ganz wenigen beispielhaften Andeutungen begnügen können.

Sombart zitiert als besonders eindrucksvoll für diese neue Bewertung des Sparens einige Stellen aus Albertis Familienbüchern:

»Wie vor jedem Todfeind hüte man sich vor überflüssigen Ausgaben.« »Jede Ausgabe, die nicht unbedingt nötig ist (molto necessaria), kann nur aus Verrücktheit gemacht werden (da pazzia).« »Ein so schlechtes Ding die Verschwendung ist, so gut, nützlich und lobenswert ist die Sparsamkeit.« »Die Sparsamkeit schadet niemand, sie nützt der Familie.« »Heilig ist die Sparsamkeit.« »Weißt du, welche Leute mir am besten gefallen? Diejenigen, die für das Nötigste ihr Geld ausgeben und nicht mehr; den Überfluß heben sie auf; diese nenne ich sparsam, gute Wirte (massai).« (L. B. Alberti, I libri della famiglia editi da Givolamo Mangini, Firenze 1908, zit. bei W. Sombart, 1923, S. 140).

Alberti predigte aber auch die Ökonomie der *Kräfte:* »Die echte Masserizia soll sich auf das Haushalten mit drei Dingen, die unser sind, erstrecken: 1. unsere Seele, 2. unseren Körper, 3. – vor allem – unsere Zeit! ... Um von dem so kostbaren Gute, der Zeit, nichts zu verlieren, stelle ich mir diese Regel auf: nie bin ich müßig, ich fliehe den Schlaf und lege mich erst nieder, wenn ich vor Ermattung umsinke ... Ich verfahre also so: ich fliehe den Schlaf und die Muße, indem ich mir etwas vornehme. Um alles in guter Ordnung zu vollbringen, was vollbracht werden muß, mache ich mir morgens, wenn ich aufstehe, einen Zeitplan: was werde ich heute zu tun haben? Viele Dinge: ich werde sie aufzählen, denke ich, und jeder weise ich dann ihre Zeit zu: dieses tue ich heute morgen, das nachmittags, das heute abend; und auf diese Weise vollbringe ich meine Geschäfte in guter Ordnung fast ohne Mühe ... Abends überdenke ich mir alles, ehe ich mich zur Ruhe lege, was ich getan habe ... Lieber will ich den Schlaf verlieren als die Zeit« (zit. bei W. Sombart, 1923, S. 142 f.).

Denselben Geist atmet die puritanische Ethik (vgl. L. Kraus, 1930, S. 259), denselben Geist die Lebensregeln sowohl Benjamin Franklins als auch des Bürgers des 19. Jahrhunderts.

Eng verwandt mit dieser Einstellung zum Eigentum ist ein weiterer für den bürgerlichen »Geist« charakteristischer Zug: die Bedeutung der *Privatsphäre.* Ganz unabhängig vom Inhalt, der materieller wie seelischer Art sein kann, ist die Privatsphäre etwas Heiliges, ein Eingriff in sie ist eines der elementaren Verbrechen. (Die starken Affekte gegen den Sozialismus, deren Ursprung auch bei vielen Besitzlosen sonst nicht verständlich wäre, kommen zum Teil daher, daß er eine Bedrohung der Privatsphäre bedeutet.)

Welches sind die für den »Geist« des bürgerlichen Kapitalismus charakteristischen Objektbeziehungen? Am auffälligsten ist die Einschränkung des sexuellen Genusses, den die bürgerliche *Sexualmoral* vornimmt. Gewiß ist auch die katholische Moral nicht genußbejahend, aber es ist gar kein Zweifel, daß die Lebens*praxis* der bürgerlich-protestantischen Welt in diesem Punkte eine ganz andere war als die vorbürgerliche. Eine Gesinnung, wie sie klassisch bei Franklin in seiner Tugendaufstellung zum Ausdruck kommt, ist eben nicht nur eine ethische Norm, sondern eine Widerspiegelung der bürgerlichen Praxis. Franklin sagt dort unter Punkt 12 über Keuschheit: »Fleischeslust genieße selten, außer um der Gesundheit oder der Nachkommen halber, nie bis zur Ermattung oder Schwächung, noch auch zum Schaden deines eigenen oder fremden Friedens und Rufes« (B. Franklin, 1818, 1. Teil, S. 113 f.).

Der Entwertung des sexuellen Genusses als solchem entspricht die *Verdinglichung* aller menschlichen Beziehungen innerhalb der bürgerlichen Gesellschaft. Die Beziehungen der Menschen werden wesentlich nicht mehr von der Liebe gestaltet, sondern von rationalen Erwägungen. Speziell die Liebesbeziehungen sind weitgehend wirtschaftlichen Gesichtspunkten untergeordnet. Zu der für die bürgerliche Epoche charakteristischen Verdinglichung kommt weiterhin die *Gleichgültigkeit* gegen das Schicksal der Nebenmenschen, die für die Beziehung der Menschen der bürgerlichen Welt charakteristisch ist. Nicht daß man in der vorbürgerlichen Epoche nicht oder auch nur weniger grausam gewesen wäre, aber die bürgerliche Indifferenz hat eine bestimmte, für sie spezifische Nuance: das Fehlen der Verantwortung eines jeden für das Los aller, einer verpflichtenden, dem Mitmenschen als solchem geltenden, nicht an Bedingungen geknüpften liebenden Einstellung.

Einen klassischen Ausdruck findet diese Gleichgültigkeit in der Definition, die Defoe von den Armen gibt (zit. bei L. Kraus, 1930, S. 283): »Unter Armen verstehe ich eine Menge jammernder, unbeschäftigter und unversorgter Leute, welche für die Nation eine *belastende Unannehmlichkeit* sind und eigener Gesetze bedürfen.« Daß die Praxis des Kapitalismus, besonders im 18. und 19. Jahrhundert, dieser Gesinnung entsprach, ist bekannt. Aber auch im Urteil über den Tabaktrust in den Vereinigten Staaten aus dem Jahre 1911 wird dieselbe Gesinnung festgestellt. »Im Felde der Konkurrenz wurde jedes menschliche Wesen ... unbarmherzig beiseite geschoben« (zit. bei W. Sombart, 1923, S. 234). Die Lebensgeschichte der großen amerikanischen Wirtschaftsführer des 19. Jahrhunderts bietet eine einzige Illustration zu dieser Feststellung. Diese *Mitleidslosigkeit* erscheint im Bewußtsein des bürgerlichen Geistes keineswegs als etwas Unethisches. Im Gegenteil, sie ist verankert in bestimmten religiösen bzw. ethischen Vorstellungen. An Stelle der für den im Schoß der Kirche Geborgenen garantierten Seligkeit wird das Glück in der bürgerlichen Anschauung die Belohnung getaner Pflicht, eine Auffassung, die durch die Konstruktion unterstützt wird, daß im Kapitalismus der »Tüchtige« unbeschränkte Erfolgsmöglichkeiten hat. Diese Mitleidslosigkeit des bürgerlichen »Charakters« stellt eine notwendige Anpassung an die ökonomische Struktur des Kapitalismus dar. Das Prinzip der freien Konkurrenz und der durch sie vor sich gehenden Auslese verlangt Individuen, die nicht durch Mitleid im wirtschaftlichen Handeln gehemmt werden, und läßt die am wenigsten »Mitleidigen« zu den Erfolgreichsten werden.

In unserer Aufzählung der spezifisch bürgerlichen Charakterzüge bedarf endlich noch einer der Erwähnung, auf dessen Wichtigkeit ausführlich von den verschiedensten Autoren hingewiesen worden ist: die *Rationalität* und *Rechenhaftigkeit* des bürgerlichen Geistes. Es scheint uns, daß diese spezifisch bürgerliche Rationalität, die ja nicht identisch ist mit einer hohen Stufe rationaler Aufhellung überhaupt, weitgehend mit dem zusammenfällt, was man, unter einer rein psychologischen Kategorie, als »Ordentlichkeit« bezeichnen könnte. Die Lebensgeschichte Franklins ist ein typisches Beispiel dieser spezifisch bürgerlichen »Ordentlichkeit« und Rationalität. Es kam uns darauf an, auf einige wichtige, für den bürgerlich-kapitalistischen Geist typische Charakterzüge hinzuweisen.

Als die Hauptcharakterzüge des bürgerlichen Geistes glaubten wir annehmen zu dürfen: einerseits die Einschränkung des Genusses als Selbstzweck (speziell der Sexualität), den Rückzug von der Liebe und die Ersetzung dieser Positionen durch die lustvolle Rolle des Sparens, Sammelns und Besitzens als Selbstzweck, der Pflichterfüllung als obersten Wertes, der rationalen »Ordentlichkeit« und der mitleidslosen Beziehungslosigkeit zum Mitmenschen.

Vergleichen wir diese Charakterzüge mit den oben dargestellten typischen Zügen des analen Charakters, so fällt ohne weiteres auf, daß hier eine weitgehende Übereinstimmung vorzuliegen scheint. Wenn diese Übereinstimmung tatsächlich zutrifft, so wäre die Annahme gerechtfertigt, daß die für den Menschen der bürgerlichen Gesellschaft typische libidinöse Struktur durch eine Verstärkung der analen Libidoposition charakterisiert ist. Eine ausgeführte Untersuchung hätte also eine unter psychoanalytischen Kategorien zureichende Beschreibung der bürgerlich-kapitalistischen Charakterzüge zu geben, dann aufzuzeigen, wie und inwiefern sich diese Charakterzüge im Sinne der Anpassung an die Erfordernisse der kapitalistischen Wirtschaftsstruktur entwickelt haben und inwiefern andererseits die den Charakter formierende Analerotik selbst zu einer die kapitalistische Wirtschaft vorwärtstreibenden Produktivkraft wird.

Obwohl wir uns ausdrücklich nicht um die Frage gekümmert haben, von wann an man von einem Kapitalismus und einem bürgerlich-kapitalistischen »Geist« sprechen kann, so läßt sich, sollen nicht schwere Mißverständnisse entstehen, ein Hinweis auf die hochkapitalistische Entwicklung nicht vermeiden. Es ist deutlich, daß die für den Bürger des 16.–19. Jahrhunderts typischen Charakterzüge in demselben Maße schwinden, als auch der klassische Typ des selbständigen Unternehmers, der gleichzeitig Eigentümer und Leiter des Unternehmens ist, immer mehr zurücktritt. Die Charakterzüge, die den Kaufmann ehemals förderten, sind teilweise für den Großunternehmer des Hochkapitalismus eher hinderlich als fördernd. Eine Beschreibung und Erklärung der Psyche des Großunternehmers in der hochkapitalistischen Epoche wäre eine andere Aufgabe, die mit den Mitteln der psychoanalytischen Sozialpsychologie vorzunehmen wäre.

In einer Schicht haben sich jedoch die bürgerlichen Charakterzüge auch noch im Hochkapitalismus erhalten: im Kleinbürgertum, das zwar in kapitalistisch so fortgeschrittenen Ländern wie etwa Deutschland wirtschaftlich und politisch ohnmächtig ist, aber noch in den alten Formen der kapitalistischen Epoche des 18. und 19. Jahrhunderts wirtschaftet. Im heutigen Kleinbürgertum sind dieselben für den analen Charakter typischen Züge anzutreffen, wie sie für den alten bürgerlich-kapitalistischen Geist angenommen wurden.

Das Proletariat weist ebenfalls nicht annähernd in demselben Maße die analen Charakterzüge auf wie das Kleinbürgertum. Da es eine Stellung im Produktionsprozeß hat, die diese Charakterzüge überflüssig macht, ist die Frage nach der Ursache dieser Andersartigkeit leicht zu beantworten. Viel schwieriger ist die Frage, warum so viele Proletarier, ebenso wie viele Kleinbürger, die gar kein Kapital mehr zu verwalten, die gar nichts mehr zu sparen haben, dennoch mehr oder weniger bürgerlich-anale Züge bzw. entsprechende Ideologien haben. Der entscheidende Grund hierfür scheint uns darin zu liegen, daß die libidinöse Struktur, auf der diese Charakterzüge beruhen, durch die Familie, aber auch durch andere kulturelle Einflüsse im alten Sinn beeinflußt wird, daß sie ein gewisses

Eigengewicht hat und sich langsamer ändert als die ökonomischen Tatsachen, denen sie einst angepaßt war.

Die Bedeutung einer im Sinne der hier angedeuteten Illustration vorgehenden Sozialpsychologie für die Soziologie liegt vor allem darin, daß sie ermöglicht, die im Charakter zum Ausdruck kommenden libidinösen Kräfte in ihrer Rolle als die gesellschaftliche Entwicklung im Sinne der Entfaltung der Produktivkräfte vorwärtstreibenden bzw. sie hemmenden Faktor zu verstehen. Hiermit wird es erst möglich, dem Begriff des »Geistes« einer Epoche einen konkreten, wissenschaftlich korrekten Sinn zu geben. Wenn der Begriff des »Geistes« der Gesellschaft in dieser Weise verstanden wird, werden sich auch eine Reihe von Kontroversen in der soziologischen Literatur als hinfällig erweisen, weil sie daraus entspringen, daß der »Geist« als Ideologie aufgefaßt wird und nicht als libidinös bedingter Charakterzug, der sich in sehr verschiedenen und auch sich widersprechenden Ideologien ausdrücken kann. Die Anwendung der Psychoanalyse wird aber nicht nur dem Soziologen brauchbare Gesichtspunkte zur Untersuchung dieser Fragen in die Hand geben, sie wird ihn auch verhindern, kritiklos falsche psychologische Kategorien zu verwenden.

Das neue Verständnis
sozialpsychologischer Phänomene
1949

Wenn die Charakterstruktur das Tun, die Gefühle und Gedanken eines Individuums bestimmt, muß sie den Schlüssel darstellen zum Verständnis kultureller und gesellschaftlicher Erscheinungen, welche letzten Endes nichts anderes sind als das Produkt vieler einzelner. Der Versuch, die Ergebnisse der Psychoanalyse auf das Problem der Kultur anzuwenden, wurde von drei Schulen unternommen:

1. von der orthodoxen Freudschen Richtung,
2. von der modifizierten Freudschen Richtung,
3. von der sozialpsychologischen Richtung.

1. Nach der orthodoxen Auffassung sind gesellschaftliche Phänomene und kulturelle Verhaltensmuster direkte Abkömmlinge gewisser libidinöser Strebungen. So wird z. B. der Kapitalismus aus der Analerotik erklärt oder der Krieg als ein Ergebnis der Wirkung des Todestriebs. Diese Methode arbeitet mit dem Mittel des Analogieschlusses. Man versuchte, Übereinstimmungen zwischen Kulturphänomenen und neurotischen Symptomen eines Patienten zu entdecken und ging dann dazu über, eine kulturelle Erscheinung aus derselben Libidostruktur herzuleiten, aus der das neurotische Symptom erklärt wurde. (Vgl. E. Fromm, 1930a). [...]

2. Die modifizierte Freudsche Richtung, vertreten durch A. Kardiner (1940 und 1945), unterscheidet sich von der orthodoxen Schule dadurch, daß sie die erreichbaren anthropologischen und sozialen Gegebenheiten ernsthaft berück-

sichtigt und die Methoden der Kindererziehung und ihren Einfluß auf die Persönlichkeitsentwicklung untersucht. Aber trotz dieser Verdienste, die Kardiner gegenüber den orthodoxen Freudianern hat, geht er im wesentlichen mit ihnen einig. Kardiner glaubt, daß die ursprüngliche Persönlichkeit durch verschiedene Erziehungsmethoden geformt wird und selbst wieder die soziale Struktur und ihre Einrichtungen prägt. Unter Erziehungsmethoden versteht er das Auftreten des elterlichen Einflusses auf jene primitiven physiologischen Funktionen, die Freud in den erogenen Zonen lokalisierte. So stehen Säuglingsernährung, Sauberkeitsgewöhnung usw. im Mittelpunkt eines Verständnisses der Kultur.

Daß sich Kardiners Ansichten völlig auf Freuds Libidotheorie stützen, zeigt sich vor allem an einem seiner Schlüsselbegriffe, der die mütterliche Fürsorge betrifft. Er erklärt Unterschiede in der Grundstruktur der Persönlichkeit, somit auch der Kultur, durch Unterschiede im mütterlichen Pflegeverhalten. Während aber Abstillen und Reinlichkeitserziehung zu den Hauptzügen mütterlicher Fürsorge gerechnet werden, wird der Begriff der *Liebe* nicht einmal erwähnt. Andererseits spricht er von »beständiger Aufmerksamkeit« *(constancy of attention)* ohne Bezug auf die Gesamtheit der Mutter-Kind-Beziehung. Es liegt aber auf der Hand, daß die beständige Aufmerksamkeit einer liebenden Mutter anderes bedeutet und ihr Einfluß verschieden ist von der beständigen Aufmerksamkeit einer besitzergreifenden und dominierenden Mutter.

Zwar scheint Kardiner gewisse sozio-ökonomische Faktoren als Ursachen der Entwicklung der Grundstruktur der Persönlichkeit anzusprechen, aber er legt nur scheinbar die Betonung auf die sozio-ökonomischen Faktoren. Er erwähnt etwa, daß die Frauen in Alor auf dem Feld arbeiten müssen und daher ihren Kindern keine gute mütterliche Fürsorge angedeihen lassen können. Hier wird zwar ein sozio-ökonomischer Faktor eingeführt, aber er wird nur in seiner sozusagen technischen Auswirkung auf die mütterliche Fürsorge gesehen, nämlich ob eine regelmäßige Ernährung und Aufmerksamkeit gewährleistet ist. In einer Theorie, welche die zwischenmenschlichen Beziehungen in den Mittelpunkt stellt, müßte der wichtigste Ansatzpunkt in der Hervorhebung der mütterlichen Haltung gegenüber dem Kind liegen, also ihrer Liebe, Wärme, Zuwendung usw. Es ist klar, daß die Äußerung von Liebe und Wärme nicht ernstlich durch die Feldarbeit der Mutter behindert wird, ebenso wie eine possessive Haltung trotz regelmäßiger Pflege und beständiger Aufmerksamkeit ausgelebt werden kann.

3. Die sozialpsychologische Auffassung, welche in meinen eigenen Arbeiten vertreten wird, stellt den Begriff des »Gesellschafts-Charakters« in den Mittelpunkt. Ich verstehe unter Gesellschafts-Charakter den Kern der Charakterstruktur, welcher bei den meisten Gliedern einer gleichen Kultur übereinstimmt, im Gegensatz zum individuellen Charakter, durch den sich jede Person innerhalb desselben kulturellen Milieus von der anderen unterscheidet. Der Begriff des Gesellschafts-Charakters ist kein statistischer in dem Sinn, als wäre er die Summe der Charakterzüge, die die Mehrzahl der Menschen einer bestimmten Kultur aufweisen. Er kann nur in bezug auf die Funktion des Gesellschafts-Charakters verstanden werden, die wir nun betrachten wollen.

Jede Gesellschaft hat einen bestimmten Aufbau und handelt auf eine bestimmte Weise, die durch eine Anzahl objektiver Gegebenheiten notwendig wird. Solche Bedingungen sind die Produktionsweise und die Güterverteilung, welche ihrerseits von den Rohmaterialien und Herstellungstechniken, vom Klima usw. abhängen, sowie von politischen und geographischen Faktoren und kulturellen Traditionen und Einflüssen, denen die Gesellschaft ausgesetzt ist. Es gibt keine »Gesellschaft« als solche, sondern nur bestimmte Gesellschaftsstrukturen, welche sich in verschiedenen und feststellbaren Weisen auswirken. Obgleich diese Gesellschaftsstrukturen im Lauf der Geschichte sich ändern, sind sie während eines bestimmten geschichtlichen Zeitabschnitts doch relativ beständig, und eine Gesellschaft kann nur bestehen, insofern sie sich innerhalb des Rahmens dieser bestimmten Struktur bewegt. Die Mitglieder der Gesellschaft und/oder ihrer verschiedenen Klassen oder Stände haben sich derart zu verhalten, daß sie in dem von der Gesellschaft geforderten Sinne funktionieren. Die Aufgabe des Gesellschafts-Charakters besteht darin, die Energien der Mitglieder der Gesellschaft so zu formen, daß ihr Verhalten nicht mehr einer bewußten Entscheidung bedarf, ob sie sich dem Sozialgefüge einordnen sollen oder nicht; daß die Menschen vielmehr so handeln wollen, wie sie handeln müssen, und daß sie gleichzeitig darin eine Genugtuung finden, sich gemäß den Errungenschaften der Kultur zu verhalten. Der Gesellschafts-Charakter formt die menschliche Energie so, daß sie das reibungslose Funktionieren einer gegebenen Gesellschaft garantiert. Die heutige industrielle Gesellschaft zum Beispiel hätte ihre Zwecke nicht erreicht, wenn sie nicht die Energien freier Menschen in noch nie dagewesenem Maße in die Arbeit eingespannt hätte. Der Mensch mußte in dem Sinne umgewandelt werden, daß er darauf erpicht war, seine Hauptenergie in Arbeit zu verwandeln, Disziplin, insbesondere Ordentlichkeit und Pünktlichkeit zu lernen – und dies in einem Maße, wie es in den meisten anderen Kulturen unbekannt ist.

Es würde nicht ausreichen, wenn jeder einzelne jeden Tag erst gewissenhaft den Entschluß fassen müßte, arbeiten zu wollen, pünktlich zu sein usw., da jeder dieser bewußten Entschlüsse zu viel mehr Ausnahmen führen würde, als das reibungslose Funktionieren der Gesellschaft vertragen könnte. Auch Drohung und Gewalt würden als Motiv zur Arbeit nicht genügen, da die hochdifferenzierten Erzeugnisse der modernen industriellen Gesellschaft nur das Werk freier Menschen und nicht das von Zwangsarbeitern sein kann. Die *Notwendigkeit* von

Arbeit, der Zwang zu Pünktlichkeit und Gewissenhaftigkeit mußte in einen *Trieb* zu solchen Eigenschaften verwandelt werden. Das bedeutet, daß die Gesellschaft einen Gesellschafts-Charakter hervorbringen mußte, der diese Strebungen umfaßt.

Die Genese des Gesellschafts-Charakters kann nicht aus der Zurückführung auf eine einzelne Ursache einsichtig werden, sondern nur aus dem Verständnis eines Zusammenwirkens ökonomischer, ideologischer und soziologischer Faktoren. Da die politischen und ökonomischen Faktoren weniger leicht zu verändern sind, haben sie ein gewisses Übergewicht in diesem Zusammenspiel. Gleichwohl sind religiöse, politische und philosophische Ansichten nicht nur durch Projektionen entstandene Systeme. Indem sie im Gesellschafts-Charakter wurzeln, bestimmen sie ihrerseits auch diesen Gesellschafts-Charakter und vor allem systematisieren und stabilisieren sie ihn. Grundlegende menschliche Bedürfnisse, die in der Natur des Menschen verwurzelt sind, spielen ebenfalls eine aktive Rolle in diesem Zusammenspiel. Es stimmt zwar, daß der Mensch sich an beinahe alle Lebensbedingungen gewöhnen kann, trotzdem ist er kein leeres Blatt Papier, auf welches die Kultur ihren Text schreibt. Die seiner Natur eingeborenen Bedürfnisse wie das Streben nach Glück, Harmonie, Liebe und Freiheit, sind dynamische Faktoren im Geschichtsprozeß, die psychische Reaktionen hervorrufen, wenn sie auf Versagung stoßen. Mit der Zeit suchen diese Reaktionen neue Bedingungen zu schaffen, die den menschlichen Grundbedürfnissen besser entsprechen. Solange die objektiven Bedingungen einer Gesellschaft und Kultur stabil bleiben, hat der Gesellschafts-Charakter eine vorwiegend stabilisierende Funktion. Ändern sich dagegen die Bedingungen derart, daß sie nicht länger mit der Tradition und dem Gesellschafts-Charakter übereinstimmen, entsteht eine *Unstimmigkeit* zwischen beiden, welche die Charakterfunktion zu einem Element der Desintegration anstatt der Stabilisierung werden läßt, zum Sprengstoff statt zum Mörtel des Sozialgefüges.

Vorausgesetzt, daß diese Auffassung über die Entstehung und Funktion des Gesellschafts-Charakters richtig ist, finden wir uns vor einem verwirrenden Problem. Widerspricht nicht die Annahme, daß die Charakterstruktur durch die Rolle geformt wird, die das Individuum in der Kultur zu spielen hat, jener, wonach der Charakter eines Menschen in seiner Kindheit gebildet wird? Können beide Auffassungen den Anspruch erheben, richtig zu sein angesichts der Tatsache, daß das Kind in seinen ersten Lebensjahren verhältnismäßig wenig Kontakt mit der Gesellschaft als solcher hat? Diese Frage ist nicht so schwierig zu beantworten, wie es auf den ersten Blick erscheint. Wir haben zu unterscheiden zwischen Faktoren, die für die besonderen *Inhalte* des Gesellschafts-Charakters verantwortlich sind, und den *Methoden,* durch die der Gesellschafts-Charakter geformt wird. Die Gesellschaftsstruktur und die Aufgabe des Individuums in der Gesellschaft können als die Grundlage des Gesellschafts-Charakters angesehen werden. Die Familie andererseits kann als die *psychische Agentur der Gesellschaft* gelten, als Einrichtung, welche die Forderungen der Gesellschaft dem heranwachsenden Kinde nahebringt. Die Familie erfüllt diese Aufgabe auf zwei Weisen. Erstens durch den Einfluß, den der Charakter der Eltern auf die Charakterbildung des Heranwachsenden ausübt. Dies ist der wichtigste Punkt. Da nämlich der Charakter der meisten Eltern ein Ausdruck des Gesellschafts-Charakters ist, übertragen sie auf diese Weise die wesentlichen Merkmale der gesellschaftlich erwünschten Charakterstrukturen auf das Kind. Liebe und Zufriedenheit der Eltern werden ebenso auf das Kind übertragen wie ihre Angst und Feindseligkeit. Im Verein mit dem Charakter der Eltern dient zweitens auch der Stil der Kindererziehung, wie er in einer Kultur gebräuchlich ist, dazu, den Charakter des Kindes in einer gesellschaftlich erwünschten Richtung zu prägen. Allerdings bestehen verschiedene Methoden und Techniken der Kindererziehung, welche zum selben Resultat führen können; andererseits können sich scheinbar identische Methoden trotzdem verschieden auswirken auf Grund der Charakterstruktur jener, welche sie anwenden. Daher läßt sich durch die Betrachtung der Erziehungsmethoden der Gesellschafts-Charakter nie erklären. Erziehungsmethoden sind nur als Mechanismen der Vermittlung bedeutungsvoll, und sie können nur richtig verstanden werden, wenn wir zuvor genau erfassen, welche Art von Persönlichkeiten in einer bestimmten Kultur erwünscht und notwendig sind.

Eine solche Anwendung der Psychoanalyse auf die Kultur wurde stark gefördert durch eine Revision der Libidotheorie Freuds. Wenn die Charakterbildung durch den Einfluß der Umgebung auf die Entwicklung der prägenitalen Sexualität hervorgerufen wird, dann sind tatsächlich die Erziehungsmethoden die *prima causa* des Gesellschafts-Charakters. Eine Theorie aber, die annimmt, der Charakter werde durch die Art der zwischenmenschlichen Beziehung geformt, wie sie in einer bestimmten Kultur existiert und gefordert wird, muß, um mit H. S. Sullivan zu sprechen, eine Theorie der *zwischenmenschlichen Beziehungen* sein.

Freuds Auffassung vom Menschen stand in Übereinstimmung mit dem Materialismus des 19. Jahrhunderts. Er sah das Individuum als isolierte Einheit, ausgestattet mit gewissen Trieben, die in seinem Chemismus wurzeln. Die Theorie der zwischenmenschlichen Beziehungen aber ist eine rationale, sie versteht den Menschen aus der Beziehung des Individuums zu den Menschen, zur Umwelt und zu sich selbst.

Betrachten wir zur Illustration Freuds Ansichten über den analen Charakter. Freud nimmt an, daß die verschiedenen Charakterzüge, die er im Syndrom des Analcharakters vereinigte, entweder Reaktionsbildungen gegen die anale Libido seien oder deren Sublimierung. Sparsamkeit erklärte er als Sublimierung des prägenitalen Wunsches, den Kot zurückzu-

halten, Sauberkeit als Reaktionsbildung gegen die Freude am
Spiel mit den Faeces, Ordentlichkeit, Pünktlichkeit und
Eigensinn als Eigenschaften, die sich von den ersten Kämpfen
des Kindes mit der Mutter herleiten, welche auf dem Gebiet
der Reinlichkeitsgewöhnung Unterwerfung verlangte. Während meiner Meinung nach die Beschreibung des Analcharakters durch Freud und andere klinisch richtig ist und tatsächlich
einen der größten Beiträge auf dem Gebiete der Charakterologie darstellt, kann die theoretische Erklärung nicht aufrechterhalten werden, es sei denn, man verstehe sie symbolisch.

Was Freud den Analcharakter nannte, kann als besondere Art
der Beziehung zur Welt verstanden werden. Solche Menschen
ziehen sich in eine befestigte Position zurück. Ihr Ziel ist es,
alle äußeren Einflüsse abzuwehren und zu verhindern, daß
irgend etwas aus ihrer Verschanzung in die Außenwelt getragen werde. Hingegen wollen sie soviel als möglich von außen
in ihre autarke Befestigung hineinbringen, um es zu behalten.
Für diesen Charakter bedeutet Isolierung Sicherheit, Liebe
und Intimität oder Nähe dagegen Gefahr. Geht man von dieser Betrachtungsweise aus, so kann das Syndrom des analen
Charakters nach Freud folgendermaßen verstanden werden:
Geiz ist ein Versuch, seine isolierte Stellung zu festigen, sie so
stark als möglich zu machen, damit nichts aus dieser Verschanzung verlorengehen kann. Reinlichkeit ist wie in vielen
religiösen Ritualen als Versuch zu werten, den Kontakt mit
der Außenwelt, die als Gefahr und Drohung empfunden wird,
abzuwehren. Ordentlichkeit, im Sinne Freuds als Ordnungs-
zwang verstanden, ist ein Versuch, die Dinge in ihre Schranken zu weisen, sie abzuwehren. Dinge dürfen sozusagen kein
Eigenleben besitzen, sie müssen an ihren gebührenden Platz
gestellt sein, so daß sie sich nicht störend eindrängen oder die
isolierte Stellung dieser »ordentlichen« Persönlichkeit über-
wältigen.

Was für die Ordentlichkeit gesagt wird, gilt auch für die
Pünktlichkeit. Diese weist der Welt ihre zeitliche Ordnung zu,

während die Ordentlichkeit sie räumlich in ihre Schranken weist. Eigensinn ist der Ausdruck desselben Abwehrprozesses gegenüber den Menschen wie die Pünktlichkeit und Ordentlichkeit den Dingen gegenüber. Es ist das beständige »Nein« gegen jede Person, die sich eindrängen könnte, und vom Standpunkt dieser isolierten Stellung aus wird jeder Vorschlag, jede Forderung, selbst jede Hoffnung als Störung empfunden.

Während wir theoretische Voraussetzungen für das Studium des Gesellschafts-Charakters besitzen, wurde noch kaum begonnen, die psychoanalytische Charakterologie auf das Studium der Kultur anzuwenden. Ich glaube, daß die Gründe dafür in der Tatsache liegen, daß viele Sozialpsychologen an den entscheidenden Problemen vorübergehen. Einer der Gründe für diese Haltung scheint der Fetischismus zu sein, den man mit der sogenannten wissenschaftlichen Methode treibt. Die Sozialwissenschaftler waren vom Erfolg der exakten Wissenschaften behext und suchten deren Methoden nachzuahmen. Unglücklicherweise geht die Vorstellung von wissenschaftlichen Methoden bei jenen Sozialwissenschaftlern eher auf das zurück, was sie vor 20 Jahren in der Schule gelernt haben als auf Erfahrungen in den fortentwickelten Forschungsgebieten, etwa der theoretischen Physik. Viele Sozialwissenschaftler glauben, daß die Phänomene überhaupt nicht untersucht werden dürfen, wenn nicht eine exakte und quantitative Analyse möglich ist. Anstatt Methoden für die wesentlichen Probleme zu erfinden, wenden sie lieber ihre Energie weniger wichtigen Problemen zu, die mit ihrer wissenschaftlichen Methode erfaßbar sind. Unser Mangel an Kenntnissen, ja selbst an Untersuchungen, welche darauf abzielen, solche Kenntnisse zu vermitteln, ist in der Tat erschreckend.

Was wissen wir zum Beispiel über das Glück der Menschen in unserer Kultur? Zwar würden wohl viele Leute auf einem Fragebogen antworten, sie seien glücklich; denn der Bürger, der auf sich hält, hat sich glücklich zu fühlen. Aber jeder hat vom Grad des Glücklich- oder Unglücklichseins einen anderen Begriff. Wüßten wir darüber Bescheid, könnten wir schon daraus allein die Frage beantworten, ob unsere Institutionen den Zwecke erfüllen, zu dem sie geschaffen wurden; ob sie das größtmögliche Glück der größtmöglichen Zahl garantieren. Oder was wissen wir über den Grad, in dem das Verhalten des Menschen durch ethische Beweggründe und nicht durch nackte Furcht vor Mißbilligung oder Strafe beeinflußt wird? Vom Kindergarten bis zur Schule und Kirche wird viel Energie und Geld ausgegeben, um den ethischen Motiven möglichst viel Gewicht zu verleihen. Trotzdem wissen wir kaum etwas über den Erfolg dieser Anstrengungen außer reinen Vermutungen.

Oder um ein anderes Beispiel zu nehmen: Was wissen wir über das Ausmaß und die Intensität der destruktiven Kräfte im Durchschnittsbürger unseres Kulturkreises? Obwohl nicht abzustreiten ist, daß unsere Hoffnung auf eine friedliche und demokratische Entwicklung weitgehend darauf beruht, daß der Durchschnittsmensch nicht von einer intensiven Zerstörungswut besessen ist, wird doch nichts unternommen, um diese Tatsache zu erhärten. Die Ansicht, die meisten Menschen seien von Grund auf sehr destruktiv veranlagt, ist ebenso unbewiesen wie ihr Gegenteil. Die Sozialwissenschaftler haben bis heute wenig unternommen, um diesen entscheidenden Punkt zu erhellen.
Diese Probleme von Glück, ethischer Motivation und Zerstörungslust sollten untersucht werden anhand des umfassenden Begriffs der Charakterstruktur, die in der jeweiligen Kultur und in ihren Untergruppen vorherrscht. Das müßte einen Teil ausgedehnter Studien über typische Charakterstrukturen verschiedener Nationen (sogenannte »Nationalcharaktere«) bilden. Es muß wiederum hervorgehoben werden, daß solche Studien sich nicht nur auf die Kindererziehung konzentrieren

sollten, sondern auf die Struktur der Gesellschaft als ganze und auf die Funktionen des Individuums innerhalb dieser Struktur. Die Erziehung muß im Zusammenhang mit der Gesellschaftsstruktur verstanden werden und vor allem als *Schlüsselmechanismus bei der Überführung gesellschaftlicher Notwendigkeiten in Charakterzüge.* Sozialpsychologen mit Kenntnissen in Tiefenpsychologie, Soziologie und Kulturwissenschaften müssen sich auf das Feld der Forschungen begeben, wie die Anthropologen dies seit vielen Jahren tun und Methoden für solche Untersuchungen ausarbeiten. Diese Aufgabe hat ihre Schwierigkeiten, aber sie sind überwindbar. Allerdings werden sie nur überwunden, wenn sich die Sozialwissenschaftler von der Notwendigkeit überzeugen lassen, diese Probleme mit ihnen adäquaten Methoden in Angriff zu nehmen, statt sich nur auf Probleme zu konzentrieren, die zur traditionellen Forschungsmethode passen.

3

DIE RE-VISION
DER PSYCHOANALYTISCHEN
THEORIE

*Die Anwendung der Psychoanalyse auf gesellschaftliche
Größen und Fromms Versuch, mit Hilfe der Charakterlehre
Freuds einen Zugang zum gesellschaftlichen Unbewußten zu
bekommen, haben ihn dazu gebracht, das Individuum neu zu
sehen, nämlich als schon immer vergesellschaftetes, dessen
Unbewußtes zuerst und vor allem ein gesellschaftliches
Unbewußtes ist. Auf einem Psychoanalytikerkongreß 1972 in
New York drückte es Fromm so aus: »Die hier dargestellte
Theorie des menschlichen Charakters bezieht sich nicht auf das
isolierte Individuum, sondern auf den Menschen in der einzigen
Form, in der er existiert, nämlich auf den gesellschaftlichen
Menschen ... Individuelle Varianten des Charakters, durch
persönliche Umstände und Konstitution bestimmt, sind im
wesentlichen Varianten des Gesellschafts-Charakter.«
(1977g)
Fromm bestimmt die Relation Individuum – Gesellschaft
anders als Freud. Der Antagonismus zwischen Individuum und
Gesellschaft ist zugunsten eines schon immer bezogenen und
vergesellschafteten Menschen aufgehoben und kehrt in einem
Antagonismus zwischen gesellschaftlichen
Bezogenheitsmustern, die das psychische Wachstum des
einzelnen wie der Gesellschaft fördern oder hemmen, wieder.
Die Schicksalsfrage lautet jetzt nicht mehr, welche Opfer und
welchen Triebverzicht Gesellschaft und Kultur vom einzelnen
verlangen, sondern welcher Art die gesellschaftlichen
Bezogenheitsmuster sind, in denen der einzelne als
gesellschaftliches Wesen lebt: Ob sie Vernunft, Liebe,
Gerechtigkeit und psychisches Wachstum ermöglichen
(aufgrund produktiver Gesellschafts-Charakterorientierungen)*

oder Irrationalität, Destruktivität, Argwohn und psychische Verkrüppelung begünstigen (aufgrund nichtproduktiver Gesellschafts-Charakterorientierungen).

Die neue Sicht des Menschen führt bei Fromm zu einer Revision der psychoanalytischen Theorie. So greift er die Libidotheorie als die vorherrschende psychoanalytische Triebtheorie an und betont, daß die leidenschaftlichen Strebungen des Menschen nicht das Ergebnis eines bestimmten Schicksals sind, das die Libido im Laufe ihrer phasenhaften, an erogenen Körperzonen fixierten Auseinandersetzung mit der Umwelt erfährt. Fromm sieht in der Art der gesellschaftlichen Bezogenheitsmuster (die ihrerseits Ausdruck ökonomischer, arbeitsorganisatorischer, kultureller und anderer Zwänge sind) die entscheidenden Kräfte, die eine allgemeine psychische Energie zu leidenschaftlichen Strebungen werden lassen, so daß der Mensch bewußt und unbewußt das leidenschaftlich gern tut, was er den sozio-ökonomischen Erfordernissen entsprechend tun muß.

Das Neue der Frommschen Theorie zeigt sich nicht in den beobachtbaren Zusammenhängen zwischen Triebstrebungen und gesellschaftlichen bzw. kulturellen Erfordernissen. Auch für Fromm gilt (was schon Freud zeigte), daß in einer Gesellschaft, die zum Beispiel besonderen Wert auf Pünktlichkeit legt, anale Charakterzüge begünstigt werden. Das Neue bei Fromm bezieht sich auf das Verständnis dessen, was prägt und wo deshalb eine Therapie oder Änderungsstrategie ansetzen muß. Für Fromm liegt das Prägende nicht in der »Natur« und der Eigengesetzlichkeit des Sexualtriebes und der Libido begründet, sondern in den sozio-ökonomischen Erfordernissen einer bestimmten Kultur, so daß eine Änderung der leidenschaftlichen Strebungen des Menschen nur durch eine Änderung der diese Strebungen prägenden wirtschaftlichen und gesellschaftlichen Strukturen und der sich daraus ergebenden Erfordernisse und Leitwerte möglich ist.

In der Folge seiner Re-Vision der psychoanalytischen Theorie entwickelte Fromm später (vgl. E. Fromm, 1955a) auch eine eigene Trieblehre, nämlich die Lehre von eigenständigen psychischen Bedürfnissen (wie dem Bedürfnis nach

*Bezogenheit oder dem Bedürfnis nach einem Rahmen der
Orientierung und nach einem Objekt der Hingabe), die bei
jedem Menschen nachweisbar sind und auf die jeder Mensch
unbedingt reagieren muß. Auf welche Weise der einzelne
seine psychischen Bedürfnisse befriedigt, ist nicht schon in den
Bedürfnissen selbst angelegt, sondern entscheidet sich an den
sozio-ökonomischen Erfordernissen und ihrer Widerspiegelung
in den vorherrschenden Gesellschafts-Charakterorientierungen.
Was viele als das Herzstück der Psychoanalyse ansehen: daß
das gesamte psychische Geschehen aus dem Schicksal eines
physiologischen Triebes (des Sexualtriebs) erklärt werden
kann, hat Fromm mit seiner neuen Trieblehre aufgegeben. Er
sieht die spezifisch psychische Dimension des Menschen in
Trieben begründet, die gerade nicht körperlich verankert sind,
sondern sich aus der besonderen Situiertheit des Menschen
ergeben. In einem unveröffentlichten Brief an Karl August
Wittfogel vom 18. Dezember 1936 läßt sich der Kerngedanke
der Frommschen Re-Vision der Triebtheorie bereits deutlich
erkennen. Er schreibt dort:* »Der Kernpunkt dieser
prinzipiellen Auseinandersetzung ist der, daß ich versuche zu
zeigen, daß die Triebe, die gesellschaftliche Handlungen
motivieren, nicht, wie Freud annimmt, Sublimierungen der
sexuellen Instinkte sind, sondern Produkte der
gesellschaftlichen Prozesse, oder genauer gesagt, Reaktionen
auf bestimmte Konstellationen, unter denen der Mensch seine
Instinkte befriedigen muß. Diese Triebe, die ich in solche teile,
die sich auf die Beziehungen zum Menschen (Liebe, Haß,
Sadomasochismus), und solche, die sich auf die Art der
Aneignung (Trieb zum Empfangen, Wegnehmen, Sparen,
Sammeln und Produzieren) beziehen, sind grundsätzlich
verschieden von den naturalen Faktoren, nämlich den
Instinkten Hunger, Durst, Sexualität. Während diese allen
Menschen und Tieren gemeinsam sind, sind jene spezifisch
menschliche Produkte und nicht biologisch, sondern aus der
gesellschaftlichen Lebenspraxis heraus zu verstehen . . .«*

Das andere Verständnis
des Unbewußten

1962

Der Gesellschafts-Charakter, der die Menschen veranlaßt, so zu handeln und zu denken, wie es der reibungslose Ablauf ihres gesellschaftlichen Lebens erfordert, ist nur das eine Verbindungsglied zwischen Gesellschaftsstruktur und Ideen. Das andere Verbindungsglied ist die Tatsache, daß eine jede Gesellschaft bestimmt, welche Gedanken und Gefühle ins Bewußtsein gelangen dürfen und welche unbewußt bleiben müssen. Genauso wie es einen Gesellschafts-Charakter gibt, gibt es auch ein *»gesellschaftliches Unbewußtes«*.

Als das »gesellschaftliche Unbewußte« möchte ich jene Bereiche der Verdrängung bezeichnen, welche bei den meisten Mitgliedern einer Gesellschaft anzutreffen sind. Bei diesen von der Allgemeinheit verdrängten Elementen handelt es sich um Inhalte, die den Mitgliedern der jeweiligen Gesellschaft nicht bewußt werden dürfen, wenn diese Gesellschaft mit ihren spezifischen Widersprüchen reibungslos funktionieren soll. [...]

Warum verdrängen die Menschen, was ihnen bewußt sein könnte? Zweifellos ist der Hauptgrund: Angst. Aber Angst wovor? Ist es die Kastrationsangst, wie Freud annahm? Meiner Meinung nach gibt es hierfür nicht genügend Beweise. Ist es die Angst, umgebracht oder gefangengesetzt zu werden oder verhungern zu müssen? Das könnte eine einleuchtende Antwort sein, wenn die Verdrängung nur in Systemen des Terrors und der Unterdrückung vorkäme. Aber dies ist nicht der Fall und darum müssen wir weiterfragen. Gibt es vielleicht subtilere Ängste, die etwa eine Gesellschaft wie die unsere erzeugt? Denken wir an einen jungen leitenden Angestellten oder Ingenieur in einem Großunternehmen. Falls er Ideen hat, die nicht als »gesund« gelten, besteht die Möglichkeit, daß er sie verdrängt, um nicht bei der Beförderung übergangen zu werden. Das wäre an sich noch keine Tragödie, wenn er sich dann nicht selbst für einen Versager hielte und wenn nicht auch seine Frau und seine Freunde ihn so einschätzen würden, falls er beim Konkurrenzkampf ins Hintertreffen geriete. So kann auch die Angst vor Versagen ein ausreichender Grund für Verdrängung sein.

Ich glaube jedoch, daß es ein noch stärkeres Motiv für Verdrängung gibt, nämlich die *Angst vor der Isolation und vor der Ächtung.*

Für den Menschen als *Menschen* – das heißt insofern er die Natur transzendiert und sich seiner selbst und des Todes bewußt ist – grenzt das Gefühl völligen Alleinseins und völliger Abgesondertheit an Wahnsinn. Der Mensch als Mensch hat vor dem Wahnsinn genauso Angst, wie der Mensch als animalisches Wesen Angst vor dem Tode hat. Der Mensch muß zu anderen in Beziehung treten, er muß Einheit mit anderen finden, um seine geistige Gesundheit zu behalten. Dieses Bedürfnis, mit anderen Menschen eins zu sein, ist seine stärkste Leidenschaft. Sie ist stärker als Sexualität und oft sogar selbst stärker als der Wunsch zu leben. Es ist die Angst vor der Isolation und vor der Ächtung, und nicht die »Kastrationsangst«, die die Menschen veranlaßt, das zu verdrängen, was tabu ist, weil dessen Gewahrwerden bedeuten würde, daß man andersartig, abgesondert und daher von den anderen geächtet ist. Deshalb muß der einzelne die Augen vor dem schließen, wovon die Gruppe behauptet, es existiere nicht, und er muß das als Wahrheit akzeptieren, wovon die Mehrheit behauptet, es sei wahr, und das auch dann, wenn seine eigenen Augen ihn davon überzeugen könnten, daß es falsch ist. Die Herde ist für den einzelnen von einer so lebenswichtigen Bedeutung, daß ihre Ansichten, Überzeugungen und Gefühle für ihn die Wirklichkeit darstellen, und zwar in stärkerem Maße als das, was seine Sinne und sein Verstand ihm sagen. Genauso wie die Stimme und die Worte des Hypnotiseurs im Zustand der Dissoziation an die Stelle der Realität treten, so ist das Gesellschaftsmodell für die meisten Menschen gleichbedeutend mit der Realität. Was der einzelne für wahr, der Wirklichkeit entsprechend und vernünftig hält, das sind die Klischees, die von seiner Gesellschaft akzeptiert sind, und vieles von dem, was in diese Klischees nicht hineinpaßt, wird aus dem Bewußtsein ausgeschlossen, ist unbewußt. Es gibt fast nichts, das ein Mensch nicht glauben – oder verdrängen – kann, wenn ihm ausgesprochen oder unausgesprochen die Ächtung durch die anderen droht. Ich möchte hier noch einmal auf die bereits erörterte Angst vor dem Verlust der Identität zurückkommen und darauf hinweisen, daß für die meisten Menschen ihr Identitätsgefühl auf ihrer Konformität mit den gesellschaftlichen Klischees beruht. »Sie« sind das, was man von ihnen erwartet – deshalb zieht die Angst vor der Ächtung auch die Angst vor dem Identitätsverlust nach sich, und die Verbindung beider Ängste übt auf den Menschen die stärkste Wirkung aus.

Die Auffassung, daß die Angst vor der Ächtung der Verdrängung zugrunde liegt, könnte zu der recht hoffnungslosen Ansicht führen, daß eine jede Gesellschaft den Menschen dehumanisieren und deformieren kann, wie immer es ihr auch beliebt, weil ihm jede Gesellschaft mit der Ächtung drohen kann. Diese Annahme würde jedoch eine andere Tatsache außer acht lassen. Der Mensch ist nämlich nicht nur Glied einer Gesellschaft, er ist auch ein Glied der gesamten Menschheit. Er hat nicht nur Angst vor einer völligen Isolierung von seiner gesellschaftlichen Gruppe, sondern er fürchtet auch, vom Mensch-Sein abgeschnitten zu werden, das in ihm lebt und von seinem Gewissen und seiner Vernunft repräsentiert wird. Völlig inhuman zu sein, ist angsterregend selbst dann, wenn eine ganze Gesellschaft inhumane Verhaltensnormen angenommen hat. Je humaner eine Gesellschaft ist, um so weniger braucht der einzelne zwischen der Isolation von der Gesellschaft oder von der Humanität zu wählen. Je größer der Konflikt zwischen den Zielen der Gesellschaft und den wirklich humanen Zielen ist, um so stärker wird der einzelne zwischen den beiden gefährlichen Polen der Isolation hin- und hergerissen. In dem Maße wie jemand – aufgrund seiner eigenen intellektuellen und spirituellen Entwicklung – seine Solidarität mit der Menschheit empfindet, kann er auch die gesellschaftliche Ächtung ertragen, und umgekehrt. Die Fähigkeit, dem eigenen Gewissen zu folgen, hängt davon ab, bis zu welchem Grad jemand über die Grenzen seiner eigenen Gesellschaft hinausgelangt und zum Weltbürger geworden ist.

Der einzelne gestattet sich gewöhnlich nicht, sich Gedanken oder Gefühle bewußtzumachen, die mit dem System seiner Kultur unvereinbar sind, und muß sie daher verdrängen. *Formal* hängt daher das, was bewußt ist, und das, was unbewußt ist, von der Struktur der Gesellschaft und von den Gefühls- und Denkmodellen ab, die sie hervorbringt. Was dagegen die *Inhalte des Unbewußten* betrifft, so ist hier keine Verallgemeinerung möglich. Eines kann man jedoch feststellen: Das Unbewußte repräsentiert stets den ganzen Menschen mit all seinen Möglichkeiten zum Dunklen und Hellen. Es bildet stets die Basis für die verschiedenen Antworten, welche der Mensch auf die Frage geben kann, die seine Existenz ihm stellt. Im Extremfall äußerst regressiver Kulturen, die im Begriff sind, in eine tierische Existenz zurückzukehren, herrscht dieses Verlangen bewußt vor, während alle Strebungen, aus diesem Niveau emporzutauchen, verdrängt werden. In einer Kultur, die von regressiven zu geistig-progressiven Zielen fortgeschritten ist, sind die das Dunkle repräsentierenden Kräfte unbewußt. Aber der Mensch hat in einer jeden Kultur alle Möglichkeiten in sich; er ist der archaische Mensch, das Raubtier, der Kannibale, der Götzendiener, und er ist zugleich das Wesen mit der Fähigkeit zu Vernunft, Liebe und Gerechtigkeit. Der Inhalt des Unbewußten ist daher weder gut noch böse, weder rational noch irrational; er ist beides; er ist alles, was menschlich ist. *Das Unbewußte ist der ganze Mensch – außer dem Teil von ihm, welcher seiner Gesellschaft entspricht.* Das Bewußtsein repräsentiert den Menschen als Angehörigen der Gesellschaft, die zufälligen Grenzen, die durch die historische Situation gegeben sind, in die der einzelne hineingeworfen wird. Das Unbewußte repräsentiert den universalen Menschen, den ganzen Menschen, der im Kosmos verwurzelt ist; es repräsentiert die Pflanze in ihm, das Tier in ihm, den Geist in ihm; es repräsentiert seine Vergangenheit bis hinab ins Morgengrauen der menschlichen Existenz, und es repräsentiert seine Zukunft bis hinauf zu dem Tag, wo der Mensch ganz menschlich geworden ist und die Natur humanisiert und der Mensch »naturalisiert« sein wird. Sich seines Unbewußten bewußt werden, heißt mit seiner vollen Humanität in Berührung kommen und die Schranken beseitigen, welche die Gesellschaft in jedem Menschen und folglich auch zwischen jedem Menschen und seinen Mitmenschen errichtet. Es ist schwer, dieses Ziel zu erreichen, und es gelingt nur selten. Ihm näherkommen kann jedoch ein jeder, denn es bedeutet nichts anderes als die Emanzipation des Menschen von der gesellschaftlich bedingten Entfremdung von sich selbst und der Menschheit. Nationalismus und Xenophobie sind die Gegenpole der humanistischen Erfahrung, die dadurch zustande kommt, daß man sich seines Unbewußten bewußt wird.

Welche Faktoren aber führen zu einem stärkeren oder geringeren Gewahrwerden des gesellschaftlichen Unbewußten? Zunächst liegt es auf der Hand, daß bestimmte individuelle Erfahrungen einen Unterschied bedingen. Der Sohn eines autoritären Vaters, der gegen die väterliche Autorität aufbegehrt, ohne von ihr überwältigt zu werden, wird besser darauf vorbereitet sein, die gesellschaftlichen Rationalisierungen zu durchschauen und sich der gesellschaftlichen Realität bewußt zu werden, die den meisten Menschen unbewußt ist. Ähnlich werden Mitglieder rassischer, religiöser oder gesellschaftlicher Minderheiten, die unter der Diskriminierung durch die Mehrheit zu leiden haben, oft eher den gesellschaftlichen Klischees mißtrauen; dies gilt auch für die Angehörigen einer ausgebeuteten, notleidenden Klasse. Freilich macht eine solche Klassensituation keineswegs immer den einzelnen kritischer und unabhängiger. Sehr oft macht ihn seine gesellschaftliche Stellung eher unsicher und noch mehr darauf bedacht, die Klischees der Mehrheit zu übernehmen, um für sie annehmbar zu sein und sich sicher zu fühlen. Es würde einer eingehenden Analyse vieler persönlicher und gesellschaftlicher Faktoren bedürfen, wenn man bestimmen wollte, weshalb gewisse Mitglieder von Minderheiten oder von ausgebeuteten Mehrheiten mit einer verstärkten Kritik reagieren und andere mit einer noch stärkeren Unterwerfung unter die herrschenden Denkmuster.

Zu diesen Faktoren treten noch rein gesellschaftliche, von denen es abhängt, wie stark der Widerstand gegen die Bewußtwerdung der gesellschaftlichen Realität ist. Wenn eine Gesellschaft oder eine Gesellschaftsklasse keinerlei Chancen hat, ihre Einsichten auch praktisch zu verwerten, weil objektiv keinerlei Hoffnung auf eine Wendung zum Besseren besteht, dann dürfte vermutlich ein jeder in einer solchen Gesellschaft an den Fiktionen festhalten, weil eine Erkenntnis der Wahrheit ihn nur noch unglücklicher machen würde. Im Niedergang begriffene Gesellschaften und Klassen klammern sich meist am stärksten an ihre Fiktionen, weil sie durch die Wahrheit nichts zu gewinnen haben. Umgekehrt bieten Gesellschaften oder Gesellschaftsklassen, die einer besseren Zukunft entgegensehen, Bedingungen, welche das Gewahrwerden der Realität erleichtern, besonders wenn es ihnen dabei hilft, die notwendigen Veränderungen herbeizuführen.

Ein gutes Beispiel bietet hier das Bürgertum des achtzehnten Jahrhunderts. Schon bevor es politisch die Vorherrschaft über den Adel gewonnen hatte, hatte es viele Fiktionen der Vergangenheit aufgegeben und neue Einsichten in die gesellschaftlichen Realitäten der Vergangenheit und Gegenwart gewonnen. Die Schriftsteller des Mittelstandes waren in der Lage, die Fiktionen des Feudalismus zu durchschauen, weil sie diese Fiktionen nicht benötigten und weil ihnen – ganz im Gegenteil – die Wahrheit zustatten kam. Als das Bürgertum dann fest im Sattel saß und sich gegen den Ansturm der Arbeiterschaft und später der Kolonialvölker zur Wehr setzte, war die Situation umgekehrt; die Angehörigen des Mittelstandes weigerten sich nun, die gesellschaftliche Realität zu sehen, und die Angehörigen der neuen vorwärtsdrängenden Klassen neigten eher dazu, viele Illusionen aufzugeben. Aber sehr oft kamen auch einzelne, die aufgrund ihrer Einsicht die um ihre Freiheit kämpfenden Gruppen unterstützten, eben aus den Klassen, gegen die sie kämpften. In allen solchen Fällen müßte man die Faktoren untersuchen, die einen Menschen veranlassen, seiner eigenen gesellschaftlichen Gruppe kritisch gegenüberzustehen und sich einer Gruppe anzuschließen, zu der er seiner Herkunft nach nicht gehört.

Das gesellschaftliche und das individuelle Unbewußte stehen miteinander in Beziehung und befinden sich in einer ständigen Wechselwirkung. Tatsächlich sind das Bewußte und das Unbewußte letzten Endes untrennbar. Worauf es ankommt, ist nicht sosehr der *Inhalt* des Verdrängten als vielmehr der *Zustand,* genauer gesagt, der Grad der Wachheit und des Realismus beim einzelnen Menschen. Wenn jemand in einer bestimmten Gesellschaft nicht fähig ist, die gesellschaftliche Realität zu erkennen, und seinen Kopf statt dessen mit Fiktionen anfüllt, dann ist auch seine Fähigkeit begrenzt, seine individuelle Realität, das heißt sich selbst, seine Familie und seine Freunde zu erkennen. Er lebt dann in einem halbwachen Zustand und ist aufnahmebereit für Beeinflussungen von allen Seiten, bis er davon überzeugt ist, daß die ihm suggerierten Fiktionen der Wahrheit entsprechen. (Natürlich wird jemand in Bereichen, in denen die gesellschaftliche Verdrängung besonders ausgeprägt ist, besonders dazu neigen, auch in seinem persönlichen Leben die Realität aus seinem Bewußtsein zu verdrängen. So wird zum Beispiel in einer Gesellschaft, welche den Gehorsam gegenüber der Autorität und daher die Verdrängung der Bewußtmachung oder der Kritik besonders kultiviert, der einzelne Sohn mehr zu einem übertriebenen Respekt vor seinem Vater neigen als in einer Gesellschaft, in der die Kritik an der Autorität keinen wesentlichen Bestandteil der gesellschaftlichen Verdrängung ausmacht.)

Freud ging es hauptsächlich um die Aufdeckung des individuellen Unbewußten. Er nahm zwar an, daß die Gesellschaft Verdrängungen erzwingt, doch handelte es sich für ihn dabei um die Verdrängung triebhafter Kräfte und nicht um gesellschaftliche Verdrängungen, die die entscheidende Rolle spielen: um die Verdrängung der gesellschaftlichen Widersprüche, um die Verdrängung des durch die Gesellschaft verursachten Leidens, des Versagens der Autorität, des Gefühls des Unbehagens und der Unzufriedenheit usw. Die Freudsche Analyse hat gezeigt, daß es bis zu einem gewissen Grad möglich ist, das individuelle Unbewußte bewußtzumachen, ohne an das gesellschaftliche Unbewußte zu rühren. Aus den bisherigen Darlegungen geht jedoch hervor, daß jeder Versuch einer Aufhebung der Verdrängung ohne Berücksichtigung des gesellschaftlichen Bereichs von begrenzter Wirkung bleiben muß.

Man kann sich des bisher Verdrängten nur voll bewußt werden, wenn man über den individuellen Bereich hinaus die Analyse des gesellschaftlichen Unbewußten in den Prozeß einbezieht. Die Gründe für diese Behauptung ergeben sich aus dem zuvor Gesagten. Wenn ein Mensch nicht fähig ist, seine Gesellschaft zu transzendieren und zu erkennen, inwiefern sie die Entwicklung der menschlichen Möglichkeiten fördert oder behindert, kann er keinen wirklichen Bezug zu seiner eigenen Menschlichkeit haben. Gesellschaftlich bedingte Tabus und Beschränkungen müssen ihm dann als »natürlich«

vorkommen, und die menschliche Natur muß ihm in einer
entstellten Form erscheinen, solange er nicht erkennt, daß an
dieser Entstellung die Gesellschaft schuld ist, in der er lebt.
Wenn die Aufdeckung des Unbewußten bedeutet, daß man
zur Erfahrung der eigenen Menschlichkeit gelangt, dann kann
sie allerdings nicht beim einzelnen Individuum haltmachen,
sondern muß zur Aufdeckung des gesellschaftlichen Unbewußten fortschreiten. Das aber setzt ein Verständnis der
gesellschaftlichen Dynamik und eine kritische Beurteilung der
eigenen Gesellschaft vom Standpunkt universaler menschlicher Werte voraus. Es ist aber gerade die von Marx vermit-
telte Einsicht in die Gesellschaft eine Voraussetzung dafür,
daß wir uns des gesellschaftlichen Unbewußten bewußt werden und so zu vollständig erwachten Individuen werden, die
ihre Verdrängungen losgeworden sind. Wenn »Ich werden
soll, wo Es war« (vgl. S. Freud, 1933a, S. 86), ist eine humanistische Gesellschaftskritik die notwendige Vorbedingung.
Andernfalls wird der Betreffende sich nur gewisser Aspekte
seines individuellen Unbewußten bewußt werden, wird aber
in bezug auf andere Aspekte als Gesamtpersönlichkeit kaum
wacher sein als die übrigen. Hinzuzufügen ist noch, daß nicht
nur ein kritisches Verständnis der Gesellschaft für das analytische Verständnis des eigenen Selbst wesentlich ist, sondern
daß das analytische Verständnis des individuellen Unbewußten auch einen signifikanten Beitrag zum Verständnis der
Gesellschaft liefert. Nur wenn man die Dimensionen des
Unbewußten im persönlichen Leben erfahren hat, kann man
ganz beurteilen, wie es möglich ist, daß das gesellschaftliche
Leben von Ideologien bestimmt wird, die weder Wahrheit
noch Lüge sind, oder – besser gesagt – die sowohl Wahrheit
als auch Lüge sind. (Wahrheit meint hier, daß die Leute ehrlich daran glauben, und bei den Lügen geht es um die Rationalisierungen, welche die Funktion haben, die wahren Motive
des gesellschaftlichen und politischen Handelns zu verdek-
ken.)

Das andere Menschenbild

1972

Im Gegensatz zu Freud sehe ich den Menschen nicht als *homme machine,* getrieben vom chemisch bedingten Mechanismus Unlust – Lust, sondern als ein *primär* auf andere bezogenes und ihrer bedürfendes Wesen, und dies nicht in erster Linie zum Zweck der gegenseitigen Bedürfnisbefriedigung, sondern aus Gründen, die in der »*Natur« des Menschen* liegen. Die menschliche »Natur« betrachte ich nicht als eine bestimmte unveränderliche Substanz, die als solche beobachtbar wäre, sondern als einen Widerspruch, wie er ausschließlich dem menschlichen Wesen zu eigen ist: den Widerspruch nämlich, in der Natur zu stehen und allen ihren Gesetzen unterworfen zu sein und gleichzeitig die Natur zu transzendieren. Denn der Mensch – und nur er – ist sich seiner selbst und seines Daseins bewußt; er ist der einzige Fall in der Natur, wo Leben sich seiner selbst bewußt wird. Diesem existentiellen Widerspruch (existentiell im Gegensatz zu historisch bedingten und lösbaren Widersprüchen, wie etwa dem von Armut und Reichtum) liegt ein evolutionär-biologisch gegebener Tatbestand zugrunde: Der Mensch tritt an dem Punkt aus der tierischen Entwicklungsreihe heraus, an dem die Determiniertheit durch die Instinkte ein Minimum erreicht und gleichzeitig die Entwicklung des das Denken und das Vorstellungsvermögen tragenden Hirns sich weit über die bei den Primaten vorhandene Größenordnung hinaus entwickelt hat. Dies macht den Menschen auf der einen Seite hilfloser als das Tier, gibt ihm aber auf der anderen die Möglichkeit neuer, wenn auch ganz anders gearteter Stärke. Der Mensch *als* Mensch ist aus der Natur herausgeworfen und ihr gleichzeitig doch unterworfen. Diese objektive biologische Tatsache ist ein Widerspruch, der neue Lösungen, d. h. Weiterentwicklung erzwingt. Subjektiv gesehen wäre das Bewußtsein, ein aus allen Naturzusammenhängen herausgerissenes Wesen zu sein, unerträglich und würde zum Wahnsinn führen (der wahnsinnige Mensch ist der, der seinen Platz in einer für ihn orientierbaren, strukturierten Welt verloren hat). Alle Energien des Menschen sind darauf gerichtet, den unerträglichen Widerspruch erträglich zu machen und immer neue – und bessere – Lösungen zu finden. (Daß der Mensch gleichzeitig auch seine mit dem Tier gemeinsamen physiologischen Bedürfnisse befriedigen muß, ist offensichtlich.) Wie auch immer diese Lösungen aussehen, sie müssen mehrere Bedingungen erfüllen. Der Mensch muß auf andere Menschen affektiv bezogen sein, um die aus der Isolierung entspringende Angst zu überwinden; er muß sich ein Bild von der Welt machen, das es ihm erlaubt, sich in der Welt zu orientieren und seinen Platz als handelndes Subjekt zu finden; er muß bestimmte Normen akzeptieren, die es ihm möglich machen, relativ konsistente Entscheidungen rasch zu treffen. Die jeweilige Ausprägung seiner Beziehungen, seines Weltbildes und seiner Normen ist zwar wichtig, aber vergleichsweise von sekundärer Bedeutung.

Die Frage nach der *»Natur« oder dem Wesen des Menschen* beantworte ich also dahingehend, daß diese in nichts als einem Widerspruch besteht, der aus sich heraus verschiedene Lösungen dialektisch erzeugt. Ich behaupte, daß die menschliche *»Natur«* in einer dieser Lösungen selbst besteht. Allerdings sind der Zahl und Qualität der möglichen Lösungen Grenzen gesetzt durch die Eigenschaften des menschlichen Organismus und seiner Umwelt. Die Daten über den Menschen, die uns Geschichte, Kinderpsychologie, Psychopathologie, Geschichte der Kunst, der Religion und des Mythos liefern, erlauben uns, Hypothesen über die Zahl und Eigenart solcher möglichen Lösungen zu formulieren.

Was die *Natur der menschlichen Antriebe* betrifft, so bestehen gewisse wichtige Unterschiede zwischen dem hier gezeichneten Modell und Freuds Auffassung. Freud geht von der Physiologie als Quelle menschlicher Triebe aus. Dieser Ausgangspunkt ist für die Ebene der menschlichen Selbsterhaltung und bis zu einem gewissen Grade auch für die der Sexualität richtig. Aber der wichtigste Teil der menschlichen Leidenschaften hat die Verwirklichung der menschlichen Möglichkeiten – des Menschen-Möglichen – zum Ziel. (Diese Idee wurde mit großer Klarheit von Marx ausgedrückt. In der Psychiatrie hat Kurt Goldstein diese Idee zu einem der zentralen Punkte seines systematischen Denkens gemacht. Maslow und eine Reihe anderer Psychologen haben sie, in etwas popularisierter Form, zu einem der wesentlichen Punkte ihres psychologischen Systems gemacht.) Indem der Mensch mit seinen ihm eigenen Kräften leidenschaftlich danach strebt, sich in den ihm entsprechenden Gegenständen der Welt auszudrücken, vereinen und verbinden diese Kräfte den Menschen mit der Welt, erlösen sie ihn von seiner Isolierung und schaffen neue Bezogenheiten. Dies kann auch so ausgedrückt werden: Der Mensch ist nicht nur vom Mangel (der Unlust, der Spannung) getrieben, wie bei Freud; er ist ebenso stark motiviert, sich in Weisen auszudrücken, die weder einen Zweck noch einen praktischen Nutzen haben: Im Mythos, in der Kunst, in der Religion und im Spiel sehen wir die wichtigsten Beispiele dieses menschlichen Bedürfnisses vom Beginn seiner Geschichte an. Es ist ein Interesse an dem, was über die Person und ihre Selbsterhaltung hinausgeht; es bedarf der Stimulierung und wirkt selbst stimulierend; es ist ein elementares menschliches Bedürfnis.

Von diesem sozialbiologischen Ausgangspunkt her ergibt sich eine wichtige Konsequenz für die Frage nach der *Quelle der menschlichen Energie*. Freud glaubte sie in innerchemischen Prozessen zu erkennen; hier erscheint sie als die Energie, die über die Selbsterhaltung oder Zweckmäßigkeit hinausgeht. Es gibt keinen Grund, sie als Energie von der Gesamtenergie abzusondern, die der menschliche Organismus erzeugt. Wir können annehmen, daß die vom Organismus erzeugte Gesamtenergie dem Menschen für die Durchsetzung seiner vitalen Interessen zur Verfügung steht; das spezifisch-menschliche Interesse, die verlorene Instinktbezogenheit zur Welt durch neue affektiv-intellektuelle Beziehungsformen zu ersetzen, ist jedoch ebenso vital wie das vom Menschen mit allen Lebewesen geteilte Selbsterhaltungs- oder auch Sexualinteresse; daraus folgt, daß die verschiedenen Lösungen der existentiellen Widersprüche ebenso energiegeladen, d. h. leidenschaftlich sind, wie die Manifestationen der Ich-Triebe und der Libido. Tatsächlich sind die seelischen Bedürfnisse – wie sie als teuflische, aber auch als lebensfördernde, »ideale« Strebungen zum Ausdruck kommen – oft stärker als die physiologisch bedingten, selbst- und arterhaltenden Bedürfnisse; das gilt besonders dann (aber nicht nur dann), wenn ein Minimum physiologischer Bedürfnisse befriedigt ist. (In der gegenwärtigen Bedrohung durch einen nuklearen Krieg wünschte man sich in der Tat, der Selbsterhaltungstrieb hätte eine stärkere Wirkung, als dies der Fall zu sein scheint. Die meisten Menschen spielen mit der Möglichkeit des kollektiven Selbstmords, weil sich andere seelische Bedürfnisse wie die Gier nach Macht, Eigentum, »Ehre« usw. offensichtlich als stärker erweisen als die Bedürfnisse nach Selbsterhalt.) Viele leidenschaftlich erstrebten Ziele, von denen der moderne Mensch glaubt, sie seien zweckrational motiviert, sind in Wirklichkeit seelische Bedürfnisse, die in – im weitesten Sinn – religiösen Strukturen entwickelt wurden. Der moderne Mensch nimmt zwar gern an, daß der primitive Mensch zweckrationale Bedürfnisse als religiöse Bedürfnisse angesehen habe. Er sieht hierbei aber nicht, daß er selbst häufig religiöse Bedürfnisse als zweckrationale rationalisiert. Wenn hier von »religiösen« Bedürfnissen gesprochen wird, so meine ich »religiös« nicht im konventionellen Sprachgebrauch, wo das Religiöse an eine bestimmte Religion gebunden ist. Ich denke vielmehr an die kollektiven leidenschaftlichen Bedürfnisse, die auf die Regelung der affektiven Bezogenheit zur Welt, auf die Lösung des menschlichen Problems gerichtet sind. [...]

In diesem Zusammenhang ist noch auf ein weiteres Problem hinzuweisen. Während das hier skizzierte Bild vom Menschen davon ausgeht, daß die menschliche Existenz als solche auf einem bestimmten empirisch aufzuweisenden Widerspruch beruht, besagt dies nicht, daß ein bestimmtes Ende der Entwicklung vorauszusehen ist. Der Mensch, von immanenten Widersprüchen immer weiter getrieben, bleibt ein offenes System. Je höher seine Entwicklung ist, individuell wie gesellschaftlich, desto größer ist auch seine Verwundbarkeit und damit die Möglichkeit eines totalen Zerfalls. Der humane Fortschritt ist immer nur eine Seite der Alternative, deren andere Barbarei oder (psychische und physische) Selbstzerstörung ist. All unser Wissen vom Menschen beruht auf den bisherigen Erfahrungen des Menschen und ist deshalb fragwürdig und unvollständig. Welche noch ungeahnten Möglichkeiten dem Menschen innewohnen, können wir nicht wissen. Das »Menschen-Mögliche« ist unbekannt und kann sich erst im geschichtlichen Prozeß manifestieren. Deshalb ist der Mensch letztlich undefinierbar und unbeschreibbar; ja, auch das empirische Individuum der Gegenwart ist nicht vollständig erkennbar und erfaßbar, teils weil die verborgenen Möglichkeiten auch in ihm schon als Ansätze vorhanden sind, teils weil es als ein lebendiger Prozeß sich einer vollständigen Beschreibung entzieht. Im Laufe des geschichtlichen Prozesses wird die Theologie in Anthropologie verwandelt. Dabei bleibt eine entscheidende Bestimmung Gottes, wie sie besonders in der negativen Theologie betont worden ist, auch für die Anthropologie gültig: daß der Mensch unerkennbar und unbenennbar ist. Das gilt für den »lebendigen Menschen« ebenso, wie es für den »lebendigen Gott« in theologischer Sicht gilt.

Das moralische Problem ist in dem hier skizzierten Bild vom Menschen anders strukturiert als bei Freud. Obwohl die Freudsche Theorie als kritische Theorie des *Gewissens* zu einem großen Teil für den Menschen unserer und der meisten bisherigen Gesellschaften gilt, besitzt sie diese Geltung eben doch nur teilweise. Der Mensch hat neben dem »autoritären« Gewissen noch ein anderes, das »humanistische« Gewissen: die Stimme, die ihn im Namen seiner Entwicklungsmöglichkeiten zu sich selbst zurückruft, die ihm anzeigt, was die Fülle, Intensität und Harmonie seines Lebens steigert bzw. schwächt, die ihn seine optimalen und gleichzeitig realen Möglichkeiten als Ziele und Normen erkennen läßt. Diese Stimme ist zwar oft durch die des autoritären Gewissens übertönt oder ganz unhörbar geworden, so daß das humanistische Gewissen unbewußt ist. Das ändert aber nichts daran, daß es existiert und daß seine Existenz aus vielen beobachtbaren Erscheinungen wie Schuldgefühlen, Energieverlust oder in richtig verstandenen Träumen erschlossen werden kann. Nicht selten ist es auch als solches bewußt. Die Inhalte dieses Gewissens decken sich im wesentlichen mit den Normen, wie sie allen großen humanistischen Religionen und ethischen Systemen gemeinsam sind. Die bewußte Anerkennung dieser traditionellen Normen bedeutet jedoch nicht, daß sie nicht doch zum Inhalt eines autoritären Gewissens geworden und damit verfälscht worden sind.

Die psychoanalytische Theorie erlaubt, noch einen Schritt weiter zu gehen. Um dies zu zeigen, müssen wir noch einmal auf Freuds Theorie zurückkommen, um einen in ihr nur verborgen enthaltenen Gedanken herauszuschälen. Freud nahm an, daß der *Charakter* von den im Mittelpunkt des menschlichen Systems stehenden Libidostufen bestimmt wird. Er postulierte eine Entwicklung vom primären Narzißmus, also der totalen Unbezogenheit, über die oral-empfangende, die oral-sadistische, die anal-sadistische, bis zur genitalen Stufe, die sich im Prinzip mit der Pubertät herausbildet. Er nahm an, daß der voll entwickelte, reife Mensch die prägenitalen Stufen im wesentlichen hinter sich läßt und die genitale Libidostufe seinen Charakter bestimmt. Während dieses Schema zunächst einmal ein wertfreies Entwicklungsschema der Libido und der daraus folgenden Bezogenheit zur Welt darstellt, kann man unschwer erkennen, daß es, wenn auch nur implizit, doch eine Wertskala darstellt. Der erwachsene, reife Mensch, Freuds »genitaler Charakter«, ist ein der »Liebe und der Arbeit« fähiger Mensch, der prägenitale Charakter dagegen ein nicht voll entwickelter und in diesem Sinn verkrüppelter Mensch. Die psychoanalytischen klinischen Untersuchungen machen das noch klarer als die Theorie. Der oral-empfangende Mensch ist ein abhängiger, unselbständiger Charakter, der oral-sadistische ein ausbeuterischer und der anal-sadistische ein die Unterwerfung und das Leiden anderer genießender und geiziger Mensch. Nur der genitale Charakter ist selbständig; nur er respektiert und – manchmal sagt Freud auch – liebt den andern Menschen; nur er ist produktiv. Gerade weil die prägenitalen Fixierungen ein Ausdruck des ungelösten Libidoproblems sind, neigen sie dazu, sich zum neurotischen Charakter zu entwickeln. Worauf es hier ankommt, ist die Tatsache, daß sich im Entwicklungsschema Freuds (wie natürlich auch in vielen anderen) eine Wertskala versteckt: Der genitale Charakter ist höher entwickelt als der prägenitale; er stellt die Norm im Sinne des Zieles der Charakterentwicklung dar. Der häufigste prägenitale Charakter, der anal-sadistische, ist also bei Freud nicht einfach eine neutrale Variante, sondern die Folge einer Entwicklungsstörung. Es stellt sich also heraus, daß sich im Freudschen Libido- und Charakterschema eine Wertskala verbirgt, die der humanistischen nicht fernsteht: Selbständigkeit, Respekt vor dem anderen und Liebe sind »besser« als Abhängigkeit, Geiz und Sadismus.

Freuds Theorie, daß sich Sexualität und Charakter nicht trennen lassen, bleibt bestehen, gleichgültig, ob die Sexualität den Charakter oder der Charakter das Sexualverhalten bestimmt.

Die prägenitale Sexualität und die in ihr verwurzelten Perversionen können deshalb innerhalb des Freudschen Schemas nicht als unabhängige und wertmäßig neutrale Formen der Lustgewinnung angesehen werden. Sie sind regressive und deshalb wertmäßig negative Formen der Sexualitäts- und Charakterentwicklung.

Die bei Freud noch implizite Wertskala wird in meinem Modell explizit gemacht. Diese Revision wurde durch klinische Beobachtung erleichtert, die mich dazu führte, nicht in der Libido und den durch die »erogenen Zonen« vermittelten Reizen die Wurzeln des Charakters zu sehen, sondern in der Art und Weise, in der sich der Mensch in seinem Lebensprozeß auf andere Menschen bezieht, sich Dinge aneignet und für sich nutzbar macht. Der Mensch muß an Stelle der instinktiven Determiniertheit sein eigenes System der Bezogenheit (»Sozialisation«) sowie der Aneignung und Verarbeitung (»Assimilierung«) entwickeln. Die verschiedenen Systeme sind energiegeladen und notwendig, um seine vitalen Interessen durchzusetzen.

Es gibt grundsätzlich zwei Möglichkeiten der Bezogenheits- und Aneignungssysteme: »nicht-produktive«, in der alles Gewünschte nicht durch das menschliche Schaffen, sondern durch Empfangen, Ausbeuten oder geiziges Ersparen erlangt wird; in dieser Sphäre der Bezogenheit sind Abhängigkeit, sadistische Kontrolle oder Destruktivität der Ausdruck der nicht-produktiven Orientierung. Gier und innere Passivität (in dem von Aristoteles und Spinoza gebrauchten Sinn) charakterisieren die Nicht-Produktivität. Die »produktive« Orientierung ist auf schöpferischem, erzeugendem Tätigsein gegründet, in der Sphäre der Aneignung beruht sie auf der Arbeit, in der Sphäre der Bezogenheit basiert sie auf der Liebe, der Achtung vor dem anderen und der Unabhängigkeit. Der Unterschied zwischen nicht-produktiver und produktiver Charakterorientierung ist, wertmäßig gesehen, unmittelbar sichtbar und nicht nur, wie in Freuds Konzeption, implizit vorhanden.

Aber in noch einem ganz anderen Sinn gibt es Wertunterschiede zwischen den verschiedenen Charakterorientierungen, nämlich hinsichtlich des optimalen Funktionierens der Charaktersysteme. Jedes System funktioniert optimal, wenn alle seine Teile so integriert sind, daß jeder Teil optimal funktionieren kann und unvermeidbare Konflikte innerhalb des Systems und zwischen ihm und anderen Systemen fruchtbare Lösungen finden, statt unnötige Energie zu kosten. Es kann im einzelnen aufgezeigt werden, daß das produktive System das auch energiemäßig am besten funktionierende System ist. Um nur ein Beispiel zu geben: Der abhängige Mensch im »nicht-produktiven System« erfüllt zwar sein Bedürfnis nach Nähe und Intimität, aber er büßt an Selbständigkeit und Freiheit ein. Im »produktiven System« jedoch sind in der Liebe engste Verbundenheit und Unabhängigkeit zu einer Synthese gekommen, wenn wir Liebe als affektive Vereinigung und Nähe zweier Menschen unter der Bedingung ihrer gegenseitigen Unabhängigkeit und Integrität definieren. In diesem allgemeinen Sinn ist das System der produktiven Orientierung dem der nicht-produktiven von der Funktion her überlegen; es ermöglicht dem Menschen die optimale Lebensintensität und Fähigkeit zur Freude, während das nicht-produktive System eine erhebliche Energiemenge verschwendet. [...]

Ist nun meine hier skizzierte Revision des Freudschen Menschenbildes »optimistisch« im Gegensatz zum »tragischen« Menschenbild Freuds? Sie ist sicher nicht »optimistisch« im Sinne des Fortschrittsglaubens der aufsteigenden bürgerlichen Epoche. Sie ist aber auch nicht tragisch im Freudschen Sinn, der in der bürgerlichen Gesellschaft das nicht zu verbessernde Optimum aller gesellschaftlichen Verhältnisse sah und so historisch bedingte und lösbare Konflikte in existentielle verwandelte. Das revidierte Menschenbild insistiert auf der

Nicht-Aufhebbarkeit des existentiellen Widerspruchs, der die Triebfeder menschlicher Entwicklung bleibt, auch wenn dieser Konflikt mit der Vermenschlichung der Gesellschaft dialektisch zu immer höheren und menschlicheren Lösungen führt. Weder wird der Mensch ein Übermensch, noch die menschliche Gesellschaft ein Paradies. Aber der dialektisch verlaufende Prozeß kann die Konflikte und die Gesellschaft menschlicher machen und von der Einwirkung irrationaler und nicht-notwendiger gesellschaftlicher Pathologie befreien, so daß man zukünftig vielleicht mit Recht (wie Marx) von unserer Geschichte als einer »Vorgeschichte« der Menschheit sprechen kann.

Die andere Auffassung von Psychoanalyse

1959 und 1962

Freuds große Entdeckung, die Entdeckung des Unbewußten als einer neuen Dimension der menschlichen Realität ist ein Element in einer Bewegung, die auf die Veränderung des Menschen hinzielt. Aber diese Entdeckung wurde auf eine verhängnisvolle Weise auf einen schmalen Bereich der Wirklichkeit, auf die libidinösen Strebungen und ihre Verdrängung, beschränkt. Auf die umfassendere Wirklichkeit der menschlichen Existenz und auf soziale und politische Phänomene wurde sie nicht bezogen. Die meisten Psychoanalytiker – das gilt auch für Freud – waren und sind gegenüber den Realitäten des menschlichen Daseins und den unbewußten gesellschaftlichen Erscheinungen nicht weniger blind als andere Angehörige ihrer Gesellschaftsklasse. Eigentlich sind sie insofern sogar noch blinder, als sie im Schema der Verdrängung der Libido einen Schlüssel für *alle* Lebensprobleme gefunden zu haben glauben. Aber man kann nicht einige Bereiche der menschlichen Realität mit Scharfblick erfassen, wenn man in anderen blind bleibt, zumal die Verdrängung selbst in all ihren Elementen ein gesellschaftliches Phänomen ist.

In jeder Gesellschaft verdrängt der Einzelmensch das Wissen um die Gefühle und Phantasien, die sich mit den geltenden Gedanken und Vorstellungen seiner Gesellschaft nicht vereinbaren lassen. Der Faktor, der diese Verdrängung bewirkt, ist die Angst davor, daß man sich isoliert, daß man ausgestoßen wird, wenn man Gedanken und Gefühlen nachgibt, die andere nicht teilen. (In ihrer extremen Form ist die Angst vor der völligen Isolierung nichts anderes als die Angst vor dem Wahnsinn.) Angesichts dieses Sachverhalts ist es für den Psychoanalytiker ein unabweisbares Gebot, sich von den hergebrachten Denkschemata der Gesellschaft, in der er lebt, zu lösen, sie kritisch zu betrachten und die Realität zu entschleiern, die diese Gedankengefüge hervorbringt. *Will man das Unbewußte des Einzelnen verstehen, so muß man seine Gesellschaft einer kritischen Analyse unterwerfen.*

Indes ist die Freudsche Psychoanalyse über die Schranken der bürgerlich-liberalen gesellschaftlichen Einstellung gutsituierter Mittelschichten kaum je hinausgekommen, und darin lag eine der Ursachen ihrer Enge und später auch ihres Stagnierens auf ihrem ureigensten Gebiet, dem Verstehen des individuellen Unbewußten. (Im Negativen besteht übrigens eine eigenartige Parallele zwischen orthodox Freudscher und orthodox marxistischer Theorie: Die Freudianer sahen das Unbewußte des einzelnen, waren aber blind gegenüber dem Unbewußten der Gesellschaft; umgekehrt durchschauten die orthodoxen Marxisten die unbewußten Faktoren im gesellschaftlichen Verhalten, waren aber erstaunlich blind in der Beurteilung der im einzelnen wirkenden Motive. Das hat zu einer Beeinträchtigung der marxistischen Theorie und Praxis geführt, genau wie das umgekehrte Phänomen zur Beeinträchtigung der psychoanalytischen Theorie und Therapie geführt hat. Daß es dazu gekommen ist, kann niemanden wundern. Ob man die Gesellschaft oder ob man das Individuum zu verstehen sucht: In beiden Fällen hat man es mit menschlichen Lebewesen zu tun und deshalb mit unbewußten Motivationen, die ihr Verhalten bestimmen. Man kann den Menschen als Einzelwesen nicht vom Menschen als gesellschaftlichem Wesen trennen; tut man es dennoch, so hat man sich selbst dazu verurteilt, den Menschen weder in der einen noch in der anderen Dimension zu verstehen.) [...]

Die Analyse zielt darauf ab, dem Patienten dabei zu helfen, selbst zur Wirklichkeit in sich vorzudringen, wie immer auch diese Wirklichkeit geartet sein mag. Manchmal ist diese Wirklichkeit besser, als der Patient glaubt, manchmal ist sie schlechter, als er glaubt. Aber sie muß nicht unbedingt immer schlechter sein. In Wirklichkeit schämen sich in unserer Kultur die Menschen mehr des Guten in sich, weil sie mehr Angst davor haben, als Trottel bezeichnet zu werden, als daß sie sich vor dem Schlechten in sich fürchteten. Die Analyse muß das Ziel verfolgen, den menschlichen Kern im Patienten wiederzuentdecken, das wirkliche Gefühl von Liebe zu einem Menschen oder die echte Kritik an ihm, die er dissoziiert hat, weil sie dem gesellschaftlich Üblichen, dem sog. gesunden Menschenverstand und der öffentlichen Meinung zuwiderlaufen. Dieses Ziel der Analyse ist meiner Meinung nach nur zu erreichen, wenn zwischen Analytiker und Patient die Situation einer vollen und echten menschlichen Kommunikation besteht. In dieser Situation verhalten sich beide als menschliche Wesen, vergessen ihren beruflichen Status und vergessen auch, daß der eine angeblich krank und der andere angeblich gesund ist. Ich habe mich immer auch von meinen Patienten analysieren lassen: Während ich einige zu heilen versucht habe und einigen auch helfen konnte, haben sie ihrerseits mir geholfen in einem Prozeß wahrhaft menschlicher Beziehungen. Gebend empfangen wir, und empfangend geben wir. Es ist dies das genaue Gegenteil der Marketing-Situation, in der es keinen wirklichen menschlichen Kontakt, sondern nur eine entfremdete Wirklichkeit gibt, in der wir etwas austauschen, aber nicht wirklich zueinander in Beziehung treten.
Ein weiteres wesentliches Element in meiner Auffassung der Psychoanalyse betrifft die Kritik an unserer Gesellschaft. Es ist meine feste Überzeugung, daß man die Fähigkeit, die Wirklichkeit in einem Patienten zu sehen, nicht von der Fähigkeit trennen kann, die wirklichen Verhältnisse des Alltags zu durchschauen. Wenn man nicht fähig ist, die der gesellschaftli-

chen Situation zugrunde liegende menschliche Wirklichkeit zu sehen, dann ist man auch immer weniger in der Lage, die Realität in einer persönlichen, individuellen Situation zu erkennen. Beides ist nicht voneinander zu trennen.

Insgesamt gründen sich meine Ansichten auf die grundlegenden Entdeckungen Freuds: auf die Bedeutung des Unbewußten, das Arbeiten mit freien Assoziationen und die Traumdeutung, auf die Überzeugung von der Wichtigkeit der frühen Kindheitserfahrungen für die Entwicklung im späteren Leben, auf das Übertragungsphänomen, den Widerstand und die wissenschaftliche Methode, die Freud zur Erforschung des Menschen anwandte. Ich glaube jedoch, daß sich die Psychologie und insbesondere die *Psychoanalyse derzeit in einer schweren Gefahr* befinden. Die Psychologen, Psychiater und Psychoanalytiker drohen sich zu neuen Priestern einer industrialisierten Gesellschaft zu entwickeln – auch wenn es zahlreiche Ausnahmen gibt. Es scheint, daß sich viele Theologen nicht mehr stark genug fühlen, im Namen Gottes zu sprechen, und deshalb die Hilfe der Psychologen brauchen. Oft verfolgen dabei beide das gleiche Ziel: Sie bemühen sich, den Menschen zur Anpassung zu verhelfen und mit der Allgemeinheit konform zu gehen. In der Industrie spricht man von *human relations,* wobei es sich in Wirklichkeit um völlig entfremdete Beziehungen handelt, deren Ziel es ist, die Menschen für ihre Arbeit zu »ölen«. Wenn der Chef es nötig hat, »geölt« zu werden, hat er Geld genug, zum Psychoanalytiker zu gehen. Aber es handelt sich immer um dasselbe – es geht darum, den Betreffenden anzupassen, ihn zu ölen und Konflikte und Reibungen zu beseitigen. Vom gleichen Geist sind auch die neuen Rezepte für eine glückliche Ehe erfüllt. Hier wird die Idee des Teamwork in der Industrie auf die intimste Beziehung zwischen zwei menschlichen Wesen angewandt. In Wirklichkeit handelt es sich aber oft nur um eine entfremdete kleine gesellschaftliche Gruppe, in der entweder überhaupt keine oder doch nur sehr wenig Liebe erfahren wird. Nun gibt sich heute auch die

Psychoanalyse dazu her, diesem Anpassungsprozeß Vorschub zu leisten. Selbst unsere Traurigkeit, die doch die letzte Zuflucht der Humanität in einer entfremdeten Gesellschaft ist, wird uns ausgeredet. Sie wird als etwas Neurotisches, als etwas Unangebrachtes hingestellt, während sie in Wirklichkeit zum Beginn eines besseren Lebens werden könnte.

Die Psychoanalyse ist – abgesehen von allem anderen – weitgehend zu einem Ersatz für die Religion oder für eine Weltanschauung geworden. Es gibt Menschen, für die die Psychoanalyse Mode geworden ist und die keine andere Überzeugung mehr haben. Mir liegt dieses Problem am Herzen, weil ich glaube, daß die Zukunft der Psychoanalyse – dieser großen Entdeckung Freuds – davon abhängen wird, ob sich diese Tendenz verstärken wird oder ob sich – wie ich hoffe – schließlich doch Gegentendenzen durchsetzen und fruchtbar werden.

Meiner Überzeugung nach sollte man die Psychoanalyse nicht zu Anpassungszwecken und als Religionsersatz gebrauchen. Man kann sie zweifellos in beschränktem Umfang klinisch zur Therapie von Symptomen einsetzen. Ihre Hauptbedeutung liegt in dem Paradoxon begründet, daß sie eine Methode ist, die bei dem Versuch, von einem Symptom zu befreien, mehr erreicht, als ursprünglich angestrebt. Dadurch, daß der Betreffende mit seinem Selbst, mit der Wirklichkeit der eigenen Erfahrung in Kontakt kommt, überwindet er nicht nur ein Symptom, also etwas Negatives, sondern erreicht er auch etwas, was er ohne die Anwendung dieser Methode nicht erreicht hätte. Er überwindet die Entfremdung, diese allgemeine Krankheit unserer Zeit. So ist die Psychoanalyse eine therapeutische Methode und gleichzeitig eine Methode, deren Ziel mit dem der humanistischen Philosophie oder Religion übereinstimmt: Mit ihrer Hilfe wird die Entfremdung überwunden und der Mensch befähigt, menschlicher zu sein.

4

DIE GESELLSCHAFTLICHE BEDINGTHEIT DER PSYCHOANALYTISCHEN THERAPIE

Die meisten Weiterentwicklungen der psychoanalytischen Theorie in den letzten 50 Jahren ergaben sich aus Erfahrungen bei der Anwendung der Psychoanalyse in der psychoanalytischen Therapie. Fromm selbst hat kaum etwas zur Frage der psychoanalytischen Therapie veröffentlicht. Und doch handelt der entscheidende Aufsatz, der Fromms Re-Vision der psychoanalytischen Theorie markiert, von der psychoanalytischen Therapie. Er stammt aus dem Jahr 1935, wurde von fast allen Kritikern Fromms einfach ignoriert und trägt den Titel »Die gesellschaftliche Bedingtheit der psychoanalytischen Therapie«.

In diesem Aufsatz, der nachfolgend in seinen wichtigsten Teilen abgedruckt ist, stellt Fromm zunächst dar, wie und unter welchen Vorgaben der psychoanalytische Prozeß vonstatten geht, um dann an der wichtigsten therapeutischen Regel für den Psychoanalytiker, an der Abstinenzregel, zu zeigen, wie sehr diese ein Ausdruck und eine Widerspiegelung des bürgerlichen Toleranzverständnisses ist. Mit einer vom bürgerlichen Toleranzgedanken inspirierten Abstinenzregel wird aber genau jener sozialen Amnesie Vorschub geleistet, die Fromm mit Hilfe seines sozialpsychologischen Ansatzes in der Psychoanalyse und ihrer therapeutischen Anwendung auflösen will.

Fromms kritischer Blick macht bereits hier, im Jahre 1935, nicht vor Freud selbst halt. Die gesellschaftliche Bedingtheit der psychoanalytischen Therapie wird in Zusammenhang mit der Sexualtrieb-Theorie der Psychoanalyse gebracht und Freuds Auffassung von Toleranz mit seiner Einstellung zur Sexualität illustriert. Diese aber sei bei Freud unbewußt genauso verurteilend wie in der bürgerlichen Gesellschaft, deren

Sexualmoral Freud gerade kritisiere, so daß Freud in seiner theoretischen Überbewertung der Sexualität seine eigene Sexualitätsfeindlichkeit zu kompensieren versucht.

Der »Angriff« Fromms auf die Psychoanalyse Freuds in ihrer therapeutischen Anwendung erfolgte zu einer Zeit, als Fromm bereits in New York lebte und dort auch als Psychoanalytiker praktizierte. Da die orthodoxe Psychoanalyse in den Vereinigten Staaten noch mehr die Tendenz hatte, sich strikt an der von Freud formulierten Lehre zu orientieren als in den Ländern ihrer Entstehung, verwundert es nicht, daß Fromms Neuformulierung der psychoanalytischen Theorie und Praxis kaum auf Gegenliebe stieß. Dem faktischen Ausschluß aus der Deutschen Psychoanalytischen Vereinigung (Carl Müller-Braunschweig hatte bereits 1934 Erich Fromms und Wilhelm Reichs Namen aus der Mitgliederliste streichen lassen, um sich von den »marxistischen« Kollegen zu trennen) folgten langjährige Querelen mit den amerikanischen psychoanalytischen Vereinigungen, bis sich Anfang der fünfziger Jahre die Internationale Psychoanalytische Vereinigung (IPA) endgültig weigerte, Fromm aufgrund seiner früheren Mitgliedschaft in der Deutschen wie in der Internationalen Psychoanalytischen Vereinigung wieder als Mitglied zu führen.

Die negative Reaktion der orthodoxen Psychoanalyse und ihrer Bürokratie auf Fromms Re-Vision der Psychoanalyse bewirkte, daß Fromm seinen eigenen Weg in Theorie und Praxis konsequent weiterging, lose verbunden mit anderen »Revisionisten«, die zur Gruppe der »Neofreudianer« gezählt werden.

Der therapeutische Prozeß

1935

Die psychoanalytische Therapie beruht auf der Aufdeckung der zur Symptombildung oder zur Bildung neurotischer Charaktereigenschaften führenden unbewußten Strebungen. Die Symptome sind Ausdruck des Konflikts zwischen solchen unbewußten verdrängten und den sie verdrängenden Tendenzen. Die wichtigste Ursache der Verdrängung ist die Angst. Ursprünglich und zunächst einmal die Angst vor äußerer Gewalt, die aber, soll eine wirksame Verdrängung zustande kommen, ergänzt wird durch die Angst, Sympathie und Liebe derjenigen zu verlieren, die man respektiert und bewundert, und endlich durch die Angst vor dem Verlust des Respekts vor sich selbst (vgl. E. Fromm, 1936a). Allerdings ist auch die Angst vor dem Verlust der Liebe einer bewunderten Person gewöhnlich noch nicht ausreichend, um die Verdrängung derjenigen Impulse und Phantasien zu bewirken, die den Verlust dieser Liebe verursachen können. Verdrängungen pflegen erst einzutreten, wenn der Impuls nicht nur von einer einzelnen Person, oder auch von mehreren Individuen verurteilt wird, sondern wenn er von der gesellschaftlichen Gruppe, der der Betreffende angehört, verpönt ist. In diesem Fall gesellt sich zur Androhung äußerer Strafen, zum Verlust der Liebe seitens der für den Betreffenden wichtigsten Person, noch die Gefahr der Isolierung und des Verlustes des gesellschaftlichen Rückhalts. Es scheint, daß diese Gefahr bei den meisten Menschen mehr Angst auslöst als die vorher erwähnte und daß diese gesellschaftliche Isolierung die wichtigste Quelle für die Verdrängung ist.

Ist ein Impuls verdrängt, so ist er damit noch nicht vernichtet. Er ist nur aus dem Bewußtsein entfernt, hat aber nichts von seiner ihm ursprünglich innewohnenden Energie verloren. Er hat vielmehr die Tendenz, ins Bewußtsein zurückzukehren, und es bedarf einer Kraft, die ihn ständig daran verhindert. Freud gebraucht, um dies zu demonstrieren, ein sehr anschauliches Bild. Er vergleicht die verdrängten Regungen mit einem unerwünschten Gast, den man zu Hause herausgeworfen hat, der aber immer wieder versucht zurückzukehren. Man muß einen Diener an der Türe aufstellen, der ihn am erneuten Eindringen hindert.

Wenn in einer Analyse versucht wird, die verdrängten Regungen ins Bewußtsein zurückzubringen so macht sich diese, das Verdrängte am Zurückkehren hindernde Kraft sehr deutlich bemerkbar; Freud hat ihr den Namen »Widerstand« gegeben. Dieser Widerstand kann sich in vielen Formen äußern. Seine einfachste ist die, daß, sobald der Analysand gleichsam in die Nähe des verdrängten Materials gerät, ihm überhaupt nichts einfällt, oder daß ihm sehr viele Dinge einfallen, die vom verdrängten Gegenstand abführen, oder daß er wütend auf den Analytiker ist und beginnt, die ganze Methode als unsinnig abzulehnen, oder daß er körperliche Symptome entwickelt, die ihn hindern, in die Analyse zu kommen, und ihn davor schützen, das verdrängte Material zu berühren. Der Widerstand ist so ein im Laufe der Analyse mit Notwendigkeit auftretendes Problem. Wollte man ihn vermeiden, so wäre dies gleichbedeutend mit dem Verzicht auf die Bewußtmachung des verdrängten Materials überhaupt. Dies wird tatsächlich von den meisten nicht-psychoanalytischen psychotherapeutischen Methoden versucht. Es ist zunächst der kürzere Weg, aber der Preis, der dafür bezahlt wird, ist der Verzicht auf die tiefgreifende Änderung in der seelischen Struktur. Der Widerstand ist geradezu das zuverlässigste Signal dafür, daß man verdrängtes Material berührt und sich nicht nur an der seelischen Oberfläche bewegt.

Die Feststellung der Notwendigkeit des Widerstandes besagt aber nicht, daß es für die Analyse um so besser sei, je stärker der Widerstand ist. Im Gegenteil. Wenn der Widerstand, aus welchen Gründen immer, ein bestimmtes Maß überschreitet, wird die Analyse der von ihm beschützten unbewußten Regungen überhaupt unmöglich, während umgekehrt die Analyse um so rascher fortschreitet und um so rascher erfolgreich beendet ist, je schneller es gelingt, durch den Widerstand hindurch zum unbewußten Material vorzustoßen. Erfolg und Dauer der Analyse sind davon abhängig, ob und wie rasch diese Durchstoßung der Widerstände gelingt, und die Frage, welches die Faktoren sind, von denen die Stärke des Widerstandes abhängt, ist deshalb gleichbedeutend mit der Frage nach den Erfolgschancen der analytischen Therapie. Um Mißverständnisse zu vermeiden, muß hier bemerkt werden, daß es sich bei dem Widerstand, von dem wir hier sprechen, nicht um die Hemmungen handelt, die einen Patienten davon zurückhalten, einen bestimmten Einfall, den er hat, nicht zu sagen. Auch solche Ängste spielen natürlich in der Analyse eine große Rolle, aber es ist im Prinzip eine Sache des Willens, sie zu überwinden. Wovon hier gesprochen wird, sind die Tendenzen, die einen Menschen daran hindern, daß die verdrängten Gedanken, d. h. solche Gedanken, die zunächst einmal gar nicht in seinem Bewußtsein sind, ins Bewußtsein kommen.

Wovon hängt die Stärke des Widerstandes ab? Die Antwort auf diese Frage im Sinne Freuds wäre, etwas vereinfacht ausgedrückt: Die Stärke des Widerstandes ist proportional der Stärke der Verdrängung, und die Stärke der Verdrängung wiederum hängt von der Stärke der Angst ab, die ursprünglich die Ursache der Verdrängung gewesen ist. Ob diese Ängste sich im Verlauf des Lebens verstärken oder abschwächen, hängt von den Lebensschicksalen ab, die der Kindheit folgen. Wie dem auch immer sei, wenn der Erwachsene eine Analyse beginnt, bringt er ein bestimmtes Maß an Angst, Verdrängungsenergie und Widerstand mit, und die Chancen der Dauer wie überhaupt des Erfolges der Analyse hängen von der Stärke des mitgebrachten Widerstandes ab. Er überträgt die mitgebrachte Angst auf die Person des Analytikers, und man kann deshalb in gewissem Sinne mit Recht sagen, die Stärke des Widerstandes hängt von der in der Übertragung entwickelten Angst vor dem Analytiker ab.

Hier taucht allerdings die Frage auf, wie es denn überhaupt möglich sein soll, daß der Patient in Gegenwart eines anderen ihm fremden Menschen Ängste überwindet, die bisher mit Bezug auf alle anderen Menschen so stark waren, daß sie die Verdrängung aufrechterhielten. Die besonderen Gefühle, die dies in der Analyse möglich machen, sind leicht einzusehen. Zunächst findet nur eine allmähliche Annäherung an das verdrängte Material statt, man stößt nicht unmittelbar auf den Kern der Verdrängungen, sondern analysiert Schritt für Schritt die die zentrale Verdrängungsposition schützenden psychischen Schichten. Weiterhin hat ein Teil der Gründe für die Angst, die zur Verdrängung geführt hat, nur in einer bestimmten vergangenen Situation bestanden, sie sind in der Gegenwart gleichsam anachronistisch, und die Ängste, wenn sie nur bewußt gemacht werden, erscheinen spukhaft und verschwinden. Weiterhin kann der Analytiker an Hand des ihm gebotenen Materials, speziell der Träume und Fehlleistungen und Zusammenhänge der Einfälle, das Vorhandensein bestimmter unbewußter Regungen dem Analysanden so wahrscheinlich machen, daß er sich dessen Vernunft als aktiven wirksamen Bundesgenossen bei der Aufdeckung des Verdrängten erwirbt. Hierzu kommt ferner das Leiden des Patienten, das sich oft als ein genügend starker Motor erweist, um den Widerstand zu überwinden.

Ein anderer Faktor, an den man in diesem Zusammenhang häufig denkt, nämlich die in der Analyse auftretende Verliebtheit des Patienten in den Analytiker, ist von recht zweifelhaftem Wert für die Überwindung des Widerstandes. Sie wirkt zwar in der Richtung, daß der Patient sich dem Analytiker ganz eröffnen, gleichsam ganz hingeben will, und damit im Sinne der Überwindung des Widerstandes. Gleichzeitig aber wirkt sie auch in der entgegengesetzten Richtung, indem sie den Wunsch verursacht, in den Augen des Analytikers möglichst liebenswert und fehlerfrei dazustehen. Wenn die Verliebtheit die Form annimmt, daß der Analytiker zum Ideal, zum »Über-Ich« des Analysanden wird, kann sie eine besonders schwere Hinderung in der Analyse darstellen.

Zu allen oben genannten Bedingungen für die Möglichkeiten der Überwindung des Widerstandes kommt noch die, daß der Analytiker eine freundliche, objektive und nicht verurteilende Haltung einnimmt. Vorausgesetzt, der Analytiker erfüllt diese letzte Forderung, dann sieht es so aus, als ob die Stärke des Widerstandes ausschließlich von der Kindheitssituation und kaum von dem jetzt gegebenen wirklichen Verhältnis zwischen Analytiker und Patient bestimmt ist. Dies ist auch der Standpunkt, der im großen und ganzen von Freud und manchen seiner Schüler vertreten wird. Sie sind geneigt, die Realität der Person des Analytikers, wenn nur gewisse allgemeine und recht formale Bedingungen erfüllt sind, für ziemlich unwichtig und alles, was sich an Reaktionen dem Analytiker gegenüber abspielt, für »Übertragung«, d. h. für Wiederholung von ursprünglich anderen Menschen geltenden Reaktionen zu halten. Diese Unterschätzung der Realität des Analytikers, also etwa seines Persönlichkeitstyps, Geschlechts, Alters und so fort, ist nur ein Ausdruck einer allgemeineren Voreingenommenheit Freuds gegen die Bedeutung der aktuellen Situation im Verhältnis zu den Kindheitserlebnissen. Wenn diese auch gewiß eine besondere und die Zukunft weitgehend determinierende Rolle spielen, und zwar bei dem durch den Mangel an seelischer Anpassungsfähigkeit charakterisierten Neurotiker noch mehr als beim Gesunden, so sind doch keineswegs die Erfahrungen des späteren Lebens einfach Wiederholungen und ohne Einfluß auf die Entwicklung der Triebstruktur.

Kritik
an der therapeutischen Haltung
der Toleranz

1935

Was spielt sich zwischen Analytiker und Patienten ab? Der
Patient hat aus Angst vor Strafe, Liebesverlust, Isolierung
gewisse Triebregungen verdrängt. Die Verdrängung ist miß-
glückt und hat zu neurotischen Symptomen geführt. Er
kommt in die Analyse, deren Ziel es ist, das Verdrängte ins
Bewußtsein zu heben. Die Angst, die ursprünglich zur Verdrängung geführt hat, wird auf den Analytiker übertragen.
Aber diese mitgebrachte Angst wird stärker oder schwächer,
je nach der Persönlichkeit und dem Verhalten des Analytikers. Im extremen Fall, wo der Analytiker eine verurteilende,
feindliche Stellung den verdrängten Regungen gegenüber einnimmt, kann man wohl kaum überhaupt erwarten, daß der
Patient imstande ist, durch den Widerstand zum Verdrängten
durchzustoßen. Wenn der Patient, und mag es auch nur dunkel und instinktiv sein, fühlt, daß der Analytiker die gleiche
verurteilende Einstellung zur Verletzung gesellschaftlicher
Tabus hat wie die anderen Menschen, mit denen er in seiner
Kindheit und später zusammengetroffen ist, dann wird in der
aktuellen analytischen Situation der ursprüngliche Widerstand
nicht nur übertragen, sondern neu produziert. Je weniger,
umgekehrt, der Analytiker eine verurteilende Haltung hat
und je mehr er andererseits das Glück des Patienten in einer
unbedingten, durch nichts zu erschütternden Weise bejaht,
desto mehr wird sich der mitgebrachte Widerstand abschwächen, und desto rascher kann man zum Verdrängten vorsto-
ßen. Dabei ist das, was der Analytiker sagt oder was er
bewußt denkt, von untergeordneter Bedeutung gegenüber

dem, was in ihm unbewußt vorgeht und was das Unbewußte des Patienten errät und versteht. Die Frage nach der tatsächlichen bewußten und mehr noch nach der unbewußten Einstellung des Analytikers zu den gesellschaftlichen Tabus, deren Schutz in Vergeltungsdrohungen besteht, die zu den nun aufzuhebenden Verdrängungen geführt haben, ist deshalb von entscheidender Bedeutung für die Möglichkeit des therapeutischen Erfolges sowie für die Dauer der Analyse.

Freud hat dem aktuellen Verhalten und besonderen Charakter des Analytikers relativ wenig Bedeutung zugemessen. Dies ist um so merkwürdiger, als die analytische Situation, so wie sie Freud geschaffen hat, in unserer Kultur, und vielleicht überhaupt, ganz ungewöhnlich und unerhört ist. Es gibt keine auch nur annäherungsweise ähnliche Situation, in der ein Mensch einem anderen nicht nur rückhaltlos »beichtet«, d. h. ihm alles sagt, was er an sich verurteilt, sondern darüber hinaus noch jene flüchtigen Einfälle mitteilt, die absurd und lächerlich erscheinen, und wo er sich verpflichtet, auch alle jene Dinge zu sagen, die er jetzt noch gar nicht weiß, die ihm aber noch einfallen könnten, ja, wo er dem anderen auch alle Meinungen und Gefühle, die er über ihn hat, unverfälscht mitteilt und zum Gegenstand leidenschaftsloser Untersuchung macht. Diese Situation radikaler Offenheit und Wahrhaftigkeit geschaffen zu haben, ist sicher eine der großartigsten Leistungen von Freud.

In seinen eigenen Äußerungen schimmert aber wenig von dem Bewußtsein der Ungewöhnlichkeit dieser Situation durch. Gewiß spricht er einmal davon, daß »die psychoanalytische Behandlung auf Wahrhaftigkeit aufgebaut« und daß darin »ein gutes Stück ihrer erziehlichen Wirkung und ihres ethischen Wertes« liege (S. Freud, 1915a, S. 312). Im großen und ganzen faßt er aber die Situation als eine medizinisch-therapeutische Prozedur auf, so wie sie sich ja auch tatsächlich aus der Hypnose entwickelt hatte. Was er über das Verhalten des Analytikers zum Patienten sagt, geht kaum über diesen technischen Aspekt hinaus und berührt selten die neuartige menschliche Seite der Situation. Der Analytiker soll von »gleichschwebender Aufmerksamkeit sein«, soll sich dem Patienten gegenüber »Indifferenz« (a.a.O., S. 313) und »Gefühlskälte« (S. Freud, 1912e, S. 381) erwerben, er soll sich von »therapeutischem Ehrgeiz freihalten« (a.a.O.), und es unter allen Umständen vermeiden, dem Liebesverlangen des Patienten nachzugeben. Er soll für den Patienten »undurchsichtig« (a.a.O., S. 384) sein, gleichsam glatt wie eine Spiegelfläche. Der Analytiker soll dem Patienten nicht sein Ideal aufdrängen, sondern »tolerant« sein gegen die Schwäche des Kranken und »sich bescheiden, auch einem nicht Vollwertigen ein Stück Leistungs- und Genußfähigkeit wiedergewonnen zu haben« (a.a.O., S. 385).

Andere Ratschläge zur Technik beziehen sich auf Fragen des äußeren Arrangements der Situation. Der Patient soll auf einem Diwan gelagert sein und der Analytiker so hinter ihm sitzen, daß er vom Patienten nicht gesehen wird. Der Patient soll nicht ohne Honorar analysiert werden und seine Stunde auch dann bezahlen müssen, wenn er sie durch Krankheit oder aus einem andern Grunde versäumt. Alles in allem entspricht das, was Freud an Ratschlägen über das Verhalten zum Patienten gibt, weit mehr dem, was ein Chirurg über die Lagerung des Patienten, Sterilisierung der Instrumente usw. zu sagen hätte, als der großartigen neuen menschlichen Situation, wie sie in dem Verhältnis Analytiker-Patient angelegt ist. Ja, Freud gibt ausdrücklich den Chirurgen als Vorbild an. »Ich kann«, sagt er, »den Kollegen nicht dringend genug empfehlen, sich während der psychoanalytischen Behandlung den Chirurgen zum Vorbild zu nehmen, der alle seine Affekte und selbst sein menschliches Mitleid beiseite drängt und seinen geistigen Kräften ein einziges Ziel setzt: die Operation so kunstgerecht als möglich zu vollziehen« (S. Freud, 1912e, S. 381).

Nur in zwei Punkten geht Freud über das rein Technisch-

Medizinische in positivem Sinn hinaus. Einmal darin, daß er, wenn auch nicht von Anfang an, gefordert hat, der Analytiker selbst solle analysiert sein, um so nicht nur die theoretisch bessere Einsicht in die Vorgänge im Unbewußten zu erhalten, sondern auch um sich seiner eigenen »blinden Flecke« bewußt zu sein und seine eigenen affektiven Reaktionen kontrollieren zu können. Die andere über das rein Technische hinausgehende Forderung Freuds ist die, daß der Analytiker allem gegenüber, was der Patient vorbringt, nicht werten, sondern eine objektiv vorurteilslose, neutrale, nachsichtige Haltung haben solle. Freud bezeichnet selbst wiederholt die hier gemeinte Haltung mit »Toleranz«. So sagt er etwa: »Als Arzt muß man vor allem tolerant sein gegen die Schwäche des Kranken« (a.a.O., S. 385), oder »das grobsinnliche Verlangen der Patientin ... ruft alle Toleranz auf, um es als natürliches Phänomen gelten zu lassen« (S. Freud, 1915a, S. 319). Oder er spricht von der »Toleranz der Gesellschaft, die sich im Gefolge der psychoanalytischen Aufklärung unabwendbar einstellt« (S. Freud, 1910d, S. 114). Toleranz gegenüber dem Patienten ist tatsächlich die einzig positive Empfehlung, die Freud für das Verhalten des Analytikers neben der negativen wie Gefühlskälte und Indifferenz gibt.

Ein besseres Verständnis für das, was bei Freud Toleranz bedeutet, gewinnt man bei einem auch nur flüchtigen Überblick über den geschichtlichen und gesellschaftlichen Hintergrund der Toleranzidee. Die Toleranz hat zwei Seiten, die etwa in folgenden Maximen ihren Ausdruck gefunden haben: *»Tout comprendre c'est tout pardonner«* und »Man soll jeden nach seiner Fasson selig werden lassen«. Die erste Maxime bezieht sich mehr auf die Milde des Urteils. Man soll nachsichtig sein, die Schwäche eines Menschen entschuldigen, nicht den Stab über ihn brechen, kurz gesagt, auch dem Schlimmsten gegenüber noch verzeihen. Die zweite Maxime drückt mehr jene Seite der Toleranz aus, bei der es darauf ankommt, alle Wertungen überhaupt zu vermeiden. Wertung selbst gilt schon als intolerant und einseitig. Ob jemand an Gott oder an Buddha glaubt, ob er für Diktatur oder Demokratie ist, oder was immer die verschiedensten Weltanschauungen und Wertsysteme sein mögen, alle sind nur Spielarten des menschlichen Denkens, und keine darf den Anspruch machen, der anderen überlegen zu sein. Bis ins 18. Jahrhundert hinein hatte die Forderung der Toleranz einen kämpferischen Sinn. Sie war gegen Staat und Kirche gerichtet, die den Menschen verboten, gewisse Dinge zu glauben oder gar zu äußern. Der Kampf für Toleranz war ein Kampf gegen Unterdrückung und Knebelung des Menschen. Er wurde von den Vertretern des aufsteigenden Bürgertums geführt, das gegen die politischen und wirtschaftlichen Fesseln des absolutistischen Staates kämpfte. Mit dem Sieg des Bürgertums und seiner Etablierung als herrschender Klasse verschob sich die Bedeutung der Toleranz. Aus einem Kampfruf gegen die Unterdrückung und für die Freiheit wurde Toleranz mehr und mehr der Ausdruck eines intellektuellen und moralischen *laissez faire*. Das Verhältnis von Menschen, die sich als Käufer und Verkäufer auf dem freien Markt treffen, setzte diese Art Toleranz voraus; die Individuen mußten sich unabhängig von ihren subjektiven Meinungen und Wertmaßstäben als abstrakt gleich wertvoll anerkennen, sie mußten Wertungen für etwas Privates und in die Beurteilung eines Menschen nicht Einzugehendes ansehen. Toleranz wurde ein Relativismus von Werten, die selbst zum privaten und niemand anderen etwas angehenden Besitz des Individuums erklärt wurden. Im Bewußtsein ging die Duldung unbegrenzt weit. In Wirklichkeit hatte sie ihre klaren, wenn auch unausgesprochenen Grenzen dort, wo die Grundlage der bestehenden Ordnung bedroht war. Dies gilt nicht nur für direkte Bedrohungen politischer oder sozialer Art, sondern auch für die Verletzung jener fundamentalen Tabus, die zum »Kitt« der Gesellschaft gehören und für den Bestand einer auf Klassengegensätzen aufgebauten Gesellschaft unerläßlich sind. Die unerbittliche Strenge gegen jeden Übertreiber dieser Tabus kann in Zeiten, wo die Herrschaft des Bürgertums relativ gesichert und stabil ist, aus dem Bewußtsein weitgehend verschwinden. Sie bleibt aber nichtsdestoweniger im Unbewußten erhalten und kommt sofort an die Oberfläche, wenn vitale persönliche oder gesellschaftliche Interessen ernsthaft in Frage stehen. Die liberalistische Toleranz, wie sie sich im 19. Jahrhundert entwickelt hat, ist in sich widerspruchsvoll: Im Bewußtsein der Menschen herrscht ein Relativismus gegenüber allen Werten überhaupt, im Unbewußten eine nicht minder strenge Verurteilung aller Tabuverletzungen.

Diese Problematik des Toleranzbegriffes zeigt sich bereits in klassischen Äußerungen zu Beginn der bürgerlichen Periode. Mirabeau wendet sich gegen den Begriff der Toleranz mit einer Polemik gegen den Artikel 10 der Erklärung der Menschenrechte von 1789, der die Toleranz proklamierte, indem er sagt: »Ich will keine Toleranz predigen. Die unbeschränkteste Religionsfreiheit ist in meinen Augen ein so heiliges Recht, daß das Wort Toleranz, mit dem sie ausgedrückt werden soll, mir in einer Art selbst tyrannisch erscheint, denn das Vorhandensein einer Autorität, die die Macht zur Toleranz hat, ist ein Attentat auf die Denkfreiheit, da sie das, was sie duldet, auch ebensogut nicht dulden könnte« (zit. nach A. Aulard, 1924, S. 36).

Mirabeaus radikale Formulierung verdeckt noch den Tatbestand, daß sich die liberalistische Toleranz nur auf das Denken und Reden, nicht aber auf das Handeln bezieht, vielmehr hier sehr schnell ihre Grenze findet. Diese Grenze der bürgerlichen Toleranzidee kommt bei Kant deutlich zum Ausdruck. Was Kant als Freiheit in der Gesellschaft fordert, ist wesentlich die Freiheit des Gelehrten, als Gelehrter zu schreiben und zu sagen, was er denkt. Ihr entspricht die unbedingte Gehorsamspflicht des Bürgers gegen die gesetzgebende Obrigkeit. »Nun ist zu manchen Geschäften, die in das Interesse des gemeinen Wesens laufen, ein gewisser Mechanismus notwendig, vermittelst dessen einige Glieder des gemeinen Wesens sich bloß passiv verhalten müssen, um durch eine künstliche Einhelligkeit von der Regierung zu öffentlichen Zwecken gerichtet oder wenigstens von der Zerstörung dieser Zwecke abgehalten zu werden. Hier ist es nun freilich nicht erlaubt zu räsonnieren; sondern man muß gehorchen« (I. Kant, 1913, S. 171).

Den Wertrelativismus dieser Toleranzidee zeigt ein Erlaß des Nationalkonvents von 1793: »Der Nationalkonvent... hindert Euch nicht in Euren Meinungen, stellt Euch keine Gewissensfragen, und das erste Gesetz, das er im Namen des Volkes erlassen hat, dessen Organ er ist, enthält in aller Form die Anerkennung der freien Übung aller Kulte. Übt also unbesorgt die Bräuche, die Ihr für gut haltet. Dienet dem Schöpfer der Natur auf Eure Weise. Juden, Christen, Mohammedaner, Schüler des Konfuzius oder Anbeter des großen Lama, Ihr seid in den Augen eines freien Volkes alle gleich« (zit. nach A. Aulard, 1924, S. 390).

Den hervorragendsten Ausdruck fand die liberale Toleranz in den verschiedenen bürgerlichen Reformbestrebungen. In der Strafrechtsreform war sie bestrebt, den Kriminellen zu erklären, zu entschuldigen und seine Behandlung in den Strafanstalten zu verbessern. Man verstand manche der psychologischen und sozialen Bedingungen seines Handelns und betrachtete ihn als einen Menschen, der ja eigentlich »gar nicht so schlimm« ist, dessen Handlungen man irgendwie verstehen kann und über den man deshalb nicht den Stab brechen soll. Aber bei aller Milde und Toleranz dem Verbrecher gegenüber kam die bürgerliche Strafrechtsreform doch nie dazu, den Begriff des Verbrechens prinzipiell aufzuheben. Auch der liberalste Strafrechtsreformer hätte es, wenn auch unter allen möglichen Rationalisierungen, abgelehnt, einen »Verbrecher« zum Schwiegersohn zu haben, wollte seine Tochter einen Defraudanten heiraten, der im Gefängnis gesessen hat. Nicht wesentlich anders ist es mit der Schulre-

form. Man erlaubte den Kindern der bessergestellten gesellschaftlichen Schichten ein größeres Maß an Freiheit, verzich-
tete auf Strafen oder spezielle religiöse Unterweisung, aber
keineswegs darauf, ihren Charakter im Sinne der grundlegenden Erfordernisse ihrer Klasse zu formen. Streben nach
Erfolg, Pflichterfüllung, Respekt vor den Tatsachen waren
unabdingbare Erziehungsziele, auch wenn man in vielen einzelnen, aber nicht fundamentalen Dingen ein großes Maß an
Freiheit erlaubte.

Die psychoanalytische Situation ist ein anderer Ausdruck der
bürgerlich-liberalistischen Toleranz. Hier soll ein Mensch
einem anderen gegenüber solche Gedanken und Impulse zum
Ausdruck bringen, die im schroffsten Gegensatz zu den gesellschaftlichen Tabus stehen, und der andere soll nicht entrüstet
auffahren, keinen moralisierenden Standpunkt einnehmen,
sondern objektiv und freundlich bleiben, kurz auf jede beur-
teilende Einstellung verzichten. Diese Haltung ist nur denkbar auf dem Boden jener allgemeinen Toleranz, wie sie sich
im wachsenden Maße im großstädtischen Bürgertum ausgebil-
det hat, und tatsächlich sind die Psychoanalytiker fast ausschließlich Angehörige des großstädtisch-liberalen Bürgertums, dessen Vertreter wir auch in allen Reformbewegungen
treffen. Auch die Toleranz des Psychoanalytikers hat die zwei
Seiten, von denen oben gesprochen wurde: Einerseits wertet
er nicht, steht allen Erscheinungen objektiv und neutral
gegenüber, andererseits aber teilt er, wie jedes andere Mitglied seiner Klasse, den Respekt vor den fundamentalen
gesellschaftlichen Tabus und empfindet dieselbe Abneigung
gegen jeden, der sie verletzt.

Der bürgerlich-kapitalistische Geist
der psychoanalytischen Therapie Freuds

1935

Freud setzt als Ziel der analytischen Therapie die Herstellung der »Arbeits- und Genußfähigkeit« eines Menschen. Diese Arbeits- und Genußfähigkeit wird im wesentlichen als eine biologische Größe gesehen, vergleichbar etwa der Gehfähigkeit eines Menschen, dessen verletztes Bein der Arzt wieder herzustellen hat. In Wirklichkeit aber verbirgt sich hinter dieser biologischen Kategorie ein klarer gesellschaftlicher Inhalt. Arbeits- und genußfähig sein, heißt sich verhalten, wie es der bürgerlichen Norm entspricht, heißt, die Ideale der herrschenden Gesellschaft erfüllen und ihre Tabus respektieren. Der Analytiker selbst stellt in diesem Sinn ein Vorbild dar. Er ist der erfolgreiche berufstätige Bürger, und als solcher tritt er dem Patienten gegenüber.

Wie sehr Freud bis in jede Einzelheit das kapitalistische Verhalten als das natürliche, gesunde, vom Analytiker zu fordernde ansieht, zeigt eine kleine, aber sehr bezeichnende Einzelheit aus seinen Ratschlägen zur Technik. Er rät dort dem Analytiker zu verlangen, daß der Patient auch dann die ihm verabredungsgemäß gehörenden Stunden bezahle, wenn er durch Krankheit oder andere Dinge daran gehindert sei, zur Analyse zu kommen. Er begründet dies zum Teil damit, daß sich der Widerstand häufig in vorübergehenden Erkrankungen oder anderen zufälligen Verhinderungen äußere und daß bei diesem Arrangement solche »Schulkrankheiten« seltener vorkommen. Dies ist sicher richtig, aber es ist nicht die einzige Begründung, die er gibt. Die andere lautet, daß, wenn der Patient die ausfallende Stunde nicht bezahle, die materielle

Existenz des Analytikers durch eine Häufung solcher Ausfälle gefährdet werde. Daß der Analytiker durch das Ausbleiben des Patienten freie Zeit für sich gewinnt, zählt nicht. Hätte man durch das Ausbleiben eines Patienten freie Zeit, so wäre dies eine Muße, sagt Freud, »deren man sich als Erwerbender zu schämen hätte« (S. Freud, 1913c, S. 459). Das Gefühl, daß es eine Schande bedeutet, freie, nicht erwerblich ausgenutzte Zeit zu besitzen, und daß die maximale Ausnutzung der Zeit zum Gelderwerb eine selbstverständliche Forderung sei, ist kennzeichnend für den kapitalistischen Charakter in seiner ausgeprägtesten Form. Freud sieht diese Haltung als eine menschlich natürliche an, die auch für den Analytiker zu fordern sei. Alle Abweichungen von dieser Norm gelten als »neurotisch«. Wenn etwa jemand einer radikalen Partei angehört, gleichviel welcher, so beweist er damit, daß er seinen aus dem Ödipuskomplex stammenden Vaterhaß noch nicht überwunden hat, wenn jemand eine nach Alter oder sozialer Schicht der bürgerlichen Norm nicht entsprechende Ehe eingeht, oder sich mit Bezug auf Beruf und Karriere nicht in der gesellschaftlich üblichen Weise verhält, ja sogar wenn er der Freudschen Theorie widerspricht, so beweist er eben damit, daß er unanalysierte Komplexe hat und »Widerstände«, wenn er dieser Diagnose des Analytikers widerspricht.

Es wird hier gewiß nicht bestritten, daß das von der Norm abweichende Verhalten triebhafte und oft unbewußte Quellen haben kann, aber das gleiche gilt auch für das »normale« Verhalten. Häufig liegen gewiß auch hinter diesen Verhaltensweisen neurotische Wurzeln, aber das Wesentliche ist, daß es für Freud von vornherein feststeht, daß das, was der bürgerlichen Norm widerspricht, »neurotisch« ist. Freud und ein Teil seiner Schüler verwenden da psychologische Fachausdrücke, wo andere Mitglieder der gleichen Gesellschaftsschicht ungeschminkt werten. »Neurotisch«, »infantil«, »unanalysiert« heißt in dieser Sprache schlecht und minderwertig, »Widerstand« heißt hartnäckige Verstocktheit, »Genesungswille«

heißt Reue und Wunsch, sich zu bessern. Es ist nur ein besonders prägnantes Beispiel für den eben geschilderten Tatbestand, wenn vor einigen Jahren ein Wiener Analytiker, Edu-
ard Hitschmann, Leiter des Ambulatoriums der Wiener Psychologischen Vereinigung, seinen Ansichten über die Ehe
dahingehend Ausdruck gab, daß ein Junggeselle ein gesellschaftlicher Schädling sei, ein Mensch, der pflichtvergessen
ein ständiger Bedroher fremder Ehen und damit der ganzen
Gesellschaft sei. Diese von Kanzeln und Rednerpulten häufig
zu hörenden Ansichten waren aber nicht als moralische Wertungen vorgetragen, sondern als wissenschaftliche Feststellungen, und der erwähnte Aufsatz trug den Titel *Der unbekannte
Neurotiker.*

Nicht anders verhält es sich mit dem in den letzten Jahren in
der analytischen Theorie und Praxis populär gewordenen
»Strafbedürfnis«. Die Annahme, daß es ein den Triebbedürf-
nissen analoges biologisch bedingtes Strafbedürfnis gebe, ist
nur ein anderer Ausdruck dafür, die Tabus der jeweiligen
Gesellschaft für ewige und ihre Verletzungen für notwendig
zu sühnende zu halten. Indem Freud die moralischen Forderungen im Über-Ich repräsentiert sein läßt, das er aus den von
ihm für biologisch gegebenen »Ödipuskomplex« ableitet, hat
er eine neue psychologische Rationalisierung für eine absolut
gedachte Moral geliefert.

Zu dieser allgemeinen Identifizierung mit den Tabus der bürgerlichen Gesellschaft kommt noch ein besonderes Moment.
Die bürgerliche Gesellschaft ist durch ihren patriarchalischen
oder patrizentrischen Charakter gekennzeichnet. (Vgl. zum
Folgenden E. Fromm, 1934a.) Die patrizentrische Einstellung
sieht als Sinn des Lebens nicht das Glück des Menschen, sondern Pflichterfüllung und Unterordnung unter eine Autorität.
Der Anspruch auf Glück und Liebe ist nicht unbedingt; er ist
bedingt vom Maß der Pflichterfüllung und Unterwerfung und
bedarf auch in dem geringen zugelassenen Maß einer Recht-
fertigung durch Leistung und Erfolg. Freud ist ein klassischer

Vertreter des patrizentrischen Charaktertyps. Ohne daß wir an diesem Ort darauf im einzelnen eingehen können, sei nur auf folgende Punkte hingewiesen. Einen Ausdruck dieser Haltung sehen wir in dem Umstand, daß die meisten seiner kulturtheoretischen Lehren in einseitiger Weise von dem Konflikt zwischen Vater und Sohn aus konstruiert sind; ein anderer seine versteckte Glücks- und Genußfeindlichkeit, von der oben ausführlicher die Rede war; ein anderer die Tatsache, daß in seiner ganzen Theorie Liebe und Zärtlichkeit nur als den sexuellen Genuß begleitende Gefühle bzw. als gehemmte Sexualität vorkommen, daß aber eine unabhängig von sexuellen Interessen existierende Menschenliebe nicht Gegenstand seiner Psychologie ist; endlich sein persönliches Verhalten zu seinen Schülern, denen nur die Wahl zwischen völliger Unterordnung oder die Erwartung rücksichtsloser Bekämpfung durch den Lehrer bleibt, was auch seine materiellen Konsequenzen hat.

Das Problem des patrizentrischen Charakters des Analytikers ist von entscheidender Bedeutung für die analytische Therapie. Der Patient braucht vielleicht nichts nötiger für seine Genesung als eine unbedingte Bejahung seiner Ansprüche auf Lebensglück. Er muß bei seiner Behandlung fühlen, daß der Analytiker die menschliche Forderung auf Glück als unabdingbar und unbedingt bejaht. Gerade der in der bürgerlichen Familie durchschnittlich herrschende Mangel einer solchen unbedingten Bejahung, die Grausamkeit, mit der »Feinde« oder »Mißerfolg« gleichgesetzt werden und beide als gerechte Strafe auch nur eines Fehltritts angesehen werden, gehören wohl zu den wichtigsten Bedingungen der neurotischen Erkrankungen. Soll einem in dieser Atmosphäre erkrankten Menschen geholfen werden, in dem unbewußten Sektor seiner Triebwelt Klarheit zu schaffen, so bedarf es einer Umgebung, in welcher er der unbedingten, durch nichts zu erschütternden Bejahung seiner Glücksansprüche sicher ist, ja, da der Neurotiker meistens gar nicht wagt, sie zu stellen, einer Haltung des

Analytikers, die ihn dazu ermutigt. Die patrizentrische Haltung läßt eine solche Atmosphäre nicht aufkommen. Aus ihr ergibt sich eine analytische Situation, deren unausgesprochenen oder zum Teil unbewußten Kern man karikierend etwa folgendermaßen ausdrücken kann: »Hier kommst du, Patient, mit allen deinen Sünden. Du bist schlecht gewesen, und deshalb leidest du. Aber man kann dich entschuldigen. Die wichtigsten Gründe für deine Verfehlungen liegen in Ereignissen deiner Kindheit, für die du nicht verantwortlich zu machen bist. Zudem willst du dich ja bessern und zeigst es, indem du zur Analyse kommst und dich meinen Anordnungen fügst. Wenn du dich aber nicht fügst, nicht einsiehst, daß ich mit dem, was ich von dir verlange oder über dich sage, recht habe, dann ist dir nicht zu helfen, und der letzte Ausweg aus deinem Leiden versperrt.«

Es läßt sich nicht leugnen, daß nicht selten der Mangel an Unterwerfung im Analytiker des patrizentrischen Charaktertyps eine, wenn auch oft unbewußte, Feindseligkeit gegen den Patienten erweckt und daß diese Feindseligkeit nicht nur jeden therapeutischen Erfolg unmöglich macht, sondern eine ernsthafte Gefahr für die seelische Gesundheit des Patienten darstellt. Die eben skizzierte patrizentrisch autoritäre Haltung des Analytikers ist auch bei Freud als solche nicht bewußt; sie ist vielmehr verdeckt durch die typisch liberalistische Tendenz, jeden nach seiner Fasson selig werden zu lassen. Wir finden Äußerungen von Freud wie die, »man soll den Patienten nicht zu seinem Leibgut machen«. Für die Wirkung aber, die die Haltung des Analytikers auf den Patienten hat, ist nicht die bewußte Einstellung des Analytikers das Entscheidende, sondern die unbewußt autoritäre patrizentrische Haltung, die gewöhnlich hinter der »Toleranz« versteckt ist. [...]

Wir haben versucht, unmittelbar aus den Äußerungen von Freud die Eigenart der Freudschen Toleranz darzustellen. Wir wollten zeigen, daß sich hinter der Wertfreiheit und Liberali-

tät eine Haltung verbirgt, die die Tabus der bürgerlichen
Moral nicht weniger respektiert und ihre Verletzung nicht
weniger verabscheut als die konservativen Mitglieder der gleichen Gesellschaftsschicht. Bietet diese Toleranz eine optimale
Bedingung dafür, daß der Patient seinen eigenen Widerstand
durchstoßen und das verdrängte Material in sein Bewußtsein
heben kann? Sicherlich nicht. Mag der Analytiker nach außen
eine noch so freundliche Haltung einnehmen, dabei aber,
wenn auch ihm selbst gar nicht bewußt, den Patienten verurteilen und ablehnen, das Unbewußte des Patienten wird diese
Verurteilung fühlen, und zur mitgebrachten Angst wird sich
die in der analytischen Situation produzierte addieren und die
Analyse in die Länge ziehen oder gar zum Scheitern verurteilen.

Aber auch die andere Seite der Toleranz, der Relativismus
mit Bezug auf alle bewußten Wertungen, ist häufig ein Hindernis für die Analyse. Es gibt neurotische Konflikte, die bis
zu einem gewissen Grade moralische Konflikte sind. Häufig
verdrängt der Patient aus Angst seine Wahrnehmung, daß es
sich um einen moralischen Konflikt handelt, und die psychologische Fachsprache ist sehr geeignet, ihm diese Verdrängung
zu erleichtern. Aber ob ihm dieser Charakter des Konflikts
bewußt ist oder nicht, ändert wenig. Er hat eine Wahrnehmung davon, daß er etwas tut, was er moralisch verurteilt, und
ebenso davon, daß der Analytiker es verurteilt. Wenn der
Analytiker betont, daß er nicht wertet, sondern allen Wertfra-
gen neutral gegenübersteht, so unterstützt er nur den Ver-
drängungsprozeß, der die Lösung des Konflikts erschwert.
Wenn er aber umgekehrt dem Patienten sagt: »Sie fühlen, daß
dieses Verhalten gemein ist, und ich meine auch, Sie haben
damit recht«, so bedeutet dies häufig einen großen Fortschritt
für den Patienten. Man wird hier vielleicht einwenden, daß
dieser Gedankengang dem früher Gesagten widerspreche,
weil ein solches Werten doch die Angst des Patienten steigern
müsse. Dieser Einwand vergißt aber ein Doppeltes: Erstens

war die Angst des Freudschen Patienten nicht so sehr dadurch bedingt, daß der Analytiker überhaupt wertete, sondern daß er unbewußt und im Sinn der konventionellen Tabus wertete. Zweitens besteht ein Unterschied zwischen der Verurteilung einer Handlung und der Verurteilung eines Menschen. Der Patient weiß sehr wohl, gleichviel ob man es ihm sagt oder nicht, daß der Analytiker bestimmte Handlungen verurteilt; doch nicht dies ist es, worauf es ankommt und was er fürchtet. Seine Angst gilt vielmehr der Frage, ob der Analytiker ihn verurteilt, oder ihn als Person verwirft, ob er seine Sympathie und Hilfe davon abhängig macht, daß der Analysand dieses oder jenes tut oder nicht tut.

Bedingungen für eine
revidierte psychoanalytische Therapie

1935

Es erhebt sich die Frage, welches die Bedingungen sind, die eine andere, eine optimale Wirksamkeit der analytischen Technik begründende Einstellung bewirken. Ferenczi hat gemeint, die gründliche Analyse des Analytikers sei die entscheidende Bedingung für die von ihm geforderte Haltung. »Nichts ist leichter«, sagt er, »als unter dem Deckmantel der Versagungsforderungen an Patienten und Kinder den eigenen uneingestandenen sadistischen Neigungen zu frönen ... Meine oft und eindringlich geäußerte Ansicht über die Notwendigkeit einer bis in die tiefsten Tiefen reichenden, zur Beherrschung der eigenen Charaktereigenschaften befähigenden Analyse des Analytikers gewinnt unter diesen neuen schwierigen Verhältnissen eine womöglich noch triftigere Begründung.« (S. Ferenczi, 1972, Band 2, S. 272.)

So wichtig gewiß die gründliche Analyse des Analytikers ist, so ist sie offensichtlich unzureichend für die Herausbildung jener von Ferenczi geforderten menschenfreundlichen und bejahenden Haltung zum Patienten. Die Tatsache ist unbestreitbar angesichts der großen Anzahl von Fällen, in denen eine gründliche Analyse eine solche Haltung offenbar nicht geschaffen hat. Gewiß gibt die Analyse Einblick in die verdrängten Triebregungen und zeigt, welche individuellen Erlebnisse und speziell welche Ängste zur Herausbildung der aktuellen Charakterstruktur geführt haben. Sie zeigt auch, welche Ereignisse in der Kindheit zur Herausbildung der »Über-Ich«-Struktur geführt haben. Freud irrt aber, wenn er meint, daß in diesen Kindheitserlebnissen die letzte Ursache für den Inhalt und die Stärke des Über-Ichs zu finden sei. Die Tabus dieser Gesellschaft sind bedingt durch ihre spezifische Struktur und besonders durch die Notwendigkeit der Verinnerlichung der äußeren, über die Majorität der Gesellschaft ausgeübten Gewalt. Die Familie ist nur die »psychologische Agentur« der Gesellschaft. Sie vermittelt dem heranwachsenden Menschen die Ängste, die auf Grund der Struktur der Gesellschaft für ein späteres Fortkommen und seine gesellschaftliche Tauglichkeit notwendig sind. Bloße Einsicht in die individuellen Kindheitsbedingungen der Entstehung der Angst vor der Verletzung der Tabus bedeutet also noch keine Einsicht in die wirklichen und wirksamen Motive. Dies ist nur möglich, wenn man den gesellschaftlichen Charakter der Tabus sieht und sie nicht, wie Freud es tut, für biologisch oder »natürlich« begründet hält.

Dazu kommt noch ein weiteres. Der Analytiker hat in der Regel die gleichen Interessen wie die übrigen Mitglieder seiner Gesellschaftsschicht. Diese Interessen führen, psychologisch gesehen, zur Herausbildung der bürgerlich-autoritären Charakterstruktur, wie sie bei Freud vorhanden ist. Die Wirksamkeit der Analyse beruht aber nun gerade darauf, daß die Hemmungen beseitigt werden, die der Verfolgung der Interessen eines Menschen im Wege stehen. Im Durchschnitt wird also die Analyse des Analytikers keineswegs zur Behebung der bürgerlichen Charakterstruktur hinführen, sondern eher zu ihrer Verstärkung. Dies ganz besonders, wenn die Analyse im Sinne Freuds die moralischen Tabus und die Ängste vor ihrer Verletzung als biologisch bedingt und natürlich hinstellt, sei es in der Über-Ich-Theorie, sei es in der Theorie des Todestriebes.

Ein anderes Argument, das häufig angefürt wird, ist, daß man den Patienten nicht verurteilen könne, weil man ja verstehe, wie er zu jenen, an sich verurteilenswerten Regungen gekommen sei. Dieses Argument wurde mit Bezug auf die analytische Situation in ähnlicher Weise verwandt, wie es in der

Strafrechtsreform mit Bezug auf die Haltung zum Verbrecher gebraucht wurde. Aber die theoretische Einsicht in die Ursache seines Verhaltens bewirkt noch nicht eine Änderung der eigenen Bewertungen, weil diese eben von Interessen bedingt sind. Abgesehen davon aber gilt hierfür dasselbe, was wir mit Bezug auf die Einsicht in die Entstehung des Über-Ichs des Analytikers selbst sagten. Die wirklichen Ursachen für den Respekt des Patienten vor den Tabus und seiner Angst vor ihrer Verletzung liegen eben nicht in seinen individuellen Erlebnissen, sondern in der gesellschaftlichen Struktur. Das Verständnis des Analytikers für seine eigene Triebstruktur wie für die des Patienten hat also seine Grenzen in seinen gesellschaftlichen Interessen und in den von diesen bedingten Gefühlen und Einsichten. Freuds Persönlichkeit und die Eigenart seiner Theorie sind letzten Endes nicht aus individuellen, sondern aus den allgemeinen gesellschaftlichen Verhältnissen zu begreifen.

Die gesellschaftliche Charakterstruktur ist eine durchschnittliche, und es gibt immer eine Reihe von Individuen, die, wenn sie auch nicht radikal anders sind, so doch eine graduelle Verschiedenheit aufweisen. Die Ursachen für diese Verschiedenheit können mannigfaltige, im individuellen Schicksal des Betreffenden liegende sein. Jedenfalls finden sich unter den Analytikern nicht wenige, die von den oben angedeuteten Vorurteilen Freuds entfernt sind.

Immerhin ist es möglich, eine Haltung zu umreißen, welche das Ziel Freuds, Heilung des Neurotikers durch Aufdeckung des Unbewußten, optimal verwirklicht. Von einem Faktor wurde schon gesprochen, von der unbedingten Bejahung des Glücksanspruchs des Patienten. Ein anderer, damit eng verknüpfter, ist die Befreiung der Moral von ihrem tabuistischen Charakter. Dieser tabuistische Charakter ist es, der die Eigenart der bürgerlichen Moralvorschriften ausmacht. Er bewirkt, daß die Moralvorschriften abstrakt und starr sind, daß ihre Verletzung, wie auch immer der konkrete Fall gelagert sein

mag, Abscheu und Verachtung hervorruft. Für den illusionslosen Analytiker verliert die Moral ihren fetischistischen Charakter, sie ist weder im Hinblick auf das Jenseits noch mit
Bezug auf irdische Klugheit noch auf biologische Notwendigkeiten einer absoluten Begründung fähig. Sie ist vielmehr als
eine Lebensäußerung bestimmter Menschen »aus den Bedingungen ihres Entstehens und Vergehens zu begreifen«
(M. Horkheimer, 1933, S. 180).
Ohne Wertung gibt es überhaupt keine Theorie der Wirklichkeit, aber die Wertsetzungen brauchen nicht mit den Idolen
der idealistischen Moral verknüpft zu sein. Das Ziel ist nicht
die Erfüllung irgendwelcher ewiger Forderungen, sondern die
Verwirklichung der menschlichen Ansprüche auf Glück in
ihrer jeweiligen historischen Gestalt.
Welches sind die Konsequenzen dieser Einstellung für das
Verhältnis des Analytikers zum Patienten? Der größte Teil
der gesellschaftlichen Tabus, unter deren, wenn auch nur
phantasierten Verletzung der Patient leidet, verlieren überhaupt ihren moralischen Charakter und erscheinen als das,
was sie sind, als durch die Erfordernisse der Aufrechterhal-
tung einer bestimmten gesellschaftlichen Struktur und
bestimmter Klassenverhältnisse mit ihren Widersprüchen und
mit Drohungen aller Art den Menschen eingebleuten Regeln,
die keinen Anspruch auf irgendeine höhere Würde haben.
Die illusionslose Anerkennung der historisch berechtigten
moralischen Zielsetzungen bewirkt eine Veränderung der
Einstellung zum Menschen. Die Affekte des Analytikers, die
mit der Verletzung dieser Werte verknüpft sind, sind nicht
automatisch und abstrakt. Ihre Existenz mag ihn vor oder
während der Analyse zum Bewußtsein führen, daß er auf
Grund der Handlungsweise des Patienten nicht jenes Maß an
Sympathie und Bejahung für ihn aufbringt, welches die Bedingung zum Erfolg darstellt. Wenn der Analytiker aber einem
Menschen gegenübersteht, der in erster Linie leidet und Hilfe
sucht, so ist die konkrete Situation eine andere, und trotz der

etwaigen Gegensätzlichkeit in bezug auf bestimmte Werte kann der nicht-tabuistische Charakter der Moral dem wirklich illusionslosen Analytiker eine freundliche Einstellung ermöglichen.

Fassen wir das Gesagte kurz zusammen: Als Therapie hat die Psychoanalyse zum erstenmal die Möglichkeit tiefgreifender Veränderungen der Trieb- und Charakterstruktur geschaffen. Sie entstand auf der Basis der Toleranz, wie sie sich im groß-städtischen Bürgertum entwickelt hatte. Diese Toleranz mit ihrem Widerspruch von bewußtem Wertrelativismus und unbewußter Bejahung der Tabus der bürgerlichen Gesellschaft, wie wir sie bei Freud und einer Reihe seiner engsten Schüler finden, stellt aber gleichzeitig eine Grenze ihrer therapeutischen Wirksamkeit dar. Denn ein Analytiker, für den die Gebote und Verbote der Gesellschaft, in der er lebt, über deren bedingten Sinn hinaus einen absoluten, tabuistischen Charakter haben, ist nicht geeignet, einem Patienten die Angst vor der – meist nur phantasierten – Übertretung dieser Tabus zu nehmen, eine Angst, die seiner Neurose zugrunde liegt und ohne deren Überwindung keine Heilung möglich ist. Der Analytiker, der diese Freiheit und Offensinnigkeit nicht besitzt, läßt den Patienten trotz aller Objektivität die Erfahrung wiederholen, die er als Kind mit Eltern und Erziehern, und später mit anderen ihn bedrängenden Mächten gemacht hat: die Erfahrung einer seine Entwicklung hemmenden Konstellation.

5

DIE REVIDIERTE
PSYCHOANALYTISCHE
PRAXIS

Erich Fromm hat kaum etwas zur klinisch-therapeutischen
Praxis der Psychoanalyse veröffentlicht, obwohl er fast fünfzig
Jahre als psychoanalytischer Therapeut und als Lehr- und
Kontrollanalytiker tätig war. Er zählt neben Harry Stack
Sullivan, Frieda Fromm-Reichmann, David und Janet Rioch
1943 zu den Begründern eines neuen Zweigs der Washington
School of Psychiatry, aus dem 1946 das William Alanson White
Institute of Psychiatry, Psychoanalysis and Psychology in New
York hervorging; 1963 gründete er in Mexiko ein eigenes
psychoanalytisches Institut. Eine eigene Schule zu gründen,
hatte er aber nie im Sinn. Angesichts der sehr wenigen
Veröffentlichungen zu Fragen der psychoanalytischen Therapie
konnte es eigentlich dazu auch nie kommen. Und doch hat sich
das andere Verständnis der psychoanalytischen Theorie und
sein von Freud so verschiedenes Menschenbild auf seine eigene
psychoanalytische Praxis und auf sein Verständnis der
psychoanalytischen Therapie ausgewirkt.
Fromm scheute sich immer, von einer psychotherapeutischen
Technik zu sprechen, weil allein schon das Wort suggeriert, es
gäbe eine bestimmte Technik im Umgang mit dem Patienten,
hinter der sich der Analytiker verstecken könne. Es gibt keine
besondere Technik (die man unabhängig von der eigenen
Persönlichkeit erlernen kann), aber doch eine ganz spezifische
Beziehung, die für die therapeutische Situation kennzeichnend
ist. Im Unterschied zur abstinenten Haltung, die Freud vom
Analytiker fordert, aber auch im Unterschied zu einer rein
dialogischen, freundschaftlichen oder mütterlichen
zwischenmenschlichen Kommunikation, fordert Fromm einen
Prozeß des gemeinsamen Verstehens »dessen, was der Patient

erlebt, und das gemeinsame Verstehen der Reaktionen des Analytikers auf das Erleben des Patienten« (vgl. den nachfolgenden, hier erstmals veröffentlichten Text).

Es geht nicht darum, daß der Patient den Analytiker verstehen soll, sondern nur darum, daß der Patient die Reaktionen des Analytikers auf das mitgeteilte Erleben des Patienten versteht. Fromm bezieht also seine Gegenübertragungswahrnehmungen, soweit sie sich aus dem Erfühlen dessen, was im Patienten vor sich geht, einstellen, sehr direkt in den gemeinsamen Verstehensprozeß mit ein. Fromm hält sich sehr wohl an die Abstinenzregel, aber eben nie so, daß er sich hinter ihr versteckt und eine Theorie oder eine Technik vorschiebt. Er läßt den Patienten an jenen Gefühlswahrnehmungen teilnehmen, die er in dem Maße bei sich spürt, als er mit dem Unbewußten des Patienten kommuniziert.

Viele, die bei Fromm eine Analyse gemacht haben, berichten von seiner immensen Einfühlungsfähigkeit und unmittelbaren Nähe und zugleich von seiner Unerbittlichkeit, die von ihm im Patienten wahrgenommenen abgewehrten und verdrängten Seiten anzusprechen und aufzudecken. Die Fähigkeit, mit dem Unbewußten des Patienten so zu kommunizieren, daß nicht nur die Abwehr des Analytikers mobilisiert und der Widerstand gegen das Bewußtwerden beim Patienten verstärkt wird, setzt freilich eine eigene psychische Reife voraus, bei der dem Analytiker nichts Menschliches fremd ist und er keine Angst vor dem hat, was dem Patienten unbewußt ist. (Daß das therapeutische Geschehen wesentlich von der psychischen Reife des Analytikers abhängt, mag mit ein Grund sein, warum es zu keiner Schulbildung nach Fromm kam.)

Sicherlich wird das, was Fromm über die Eigenart der therapeutischen Beziehung sagt, von vielen Analytikern ebenso gesehen und praktiziert, auch von vielen sogenannten orthodoxen Analytikern. Es gibt dennoch einen wesentlichen Unterschied: Für Fromm sind der Analytiker wie auch der Patient, der an neurotischen oder psychotischen Symptomen leidet, wesentlich von leidenschaftlichen Kräften bestimmt, die gesellschaftlich unbewußt sind bzw. aus gesellschaftlichen Gründen verdrängt werden müssen. Solange der Analytiker

134

*seine eigenen gesellschaftlich bedingten Verdrängungen nicht
wahrnehmen kann und also dem, was »man« tut, was der
gesunde Menschenverstand sagt, was die Theorie behauptet,
was »wissenschaftlich« ist usw., folgt, so lange können auch im
Patienten nicht jene Kräfte freigesetzt werden, deren
Verdrängung zwar gesellschaftlich opportun ist, die jedoch die
psychische Entfaltung des Patienten (wie des Analytikers)
hemmen.*

Aspekte einer Re-Vision
der psychoanalytischen Therapie
1969

Viele Psychoanalytiker halten eine Revision der psychoanalytischen Therapie für notwendig. Die Frage ist nur, wie weitgehend eine Revision in Aussicht genommen wird. In den
Schriften von Harry Stack Sullivan, Ronald Laing, mir selbst
und anderen wird als wichtigster Punkt einer Revision die
Veränderung der gesamten psychoanalytischen Situation
angesehen: Die Beziehung des distanzierten Beobachters, der
aufmerksam gegenüber seinem »Objekt« ist, soll zu einer der
zwischenmenschlichen Kommunikation werden. Dies ist freilich nur möglich, wenn der Analytiker auf den Patienten antwortet, der dann seinerseits auf die Reaktion des Analytikers
antwortet, usw. Geschieht dies, wird der Analytiker jener
Erfahrungen gewahr werden, deren sich der Patient zu einem
bestimmten Zeitpunkt nicht gewahr ist. Indem er mitteilt, was
er sieht, fördert der Analytiker neue Antworten zutage. So
führt der gesamte Prozeß zu einer immer größeren Klärung.
Eine solche Art von Kommunikation ist nur möglich, wenn
der Analytiker wirklich spürt, was im Patienten vor sich geht,
und nicht nur einen verstandesmäßigen Zugang zum Patienten
hat. Er muß sehen, sehen und nochmals sehen und so wenig
wie möglich denken. Und er muß die Illusion aufgeben, daß er
als Analytiker »gesund«, der Patient aber »krank« ist. Sie
beide sind Menschen. Wenn das Erleben des Patienten, und
sei es noch so krankhaft, nicht wenigstens eine Saite von eige-
nem Erleben im Analytiker zur Schwingung bringt, dann versteht er den Patienten nicht.
Der Analytiker wird nur dann das Vertrauen des Patienten

wirklich gewinnen, wenn er es sich erlaubt, verwundbar zu sein und sich nicht hinter der Rolle des Professionellen versteckt, der die Antworten kennt, weil er für die Kenntnis der Antworten bezahlt wird. In Wirklichkeit haben sich beide, der Analytiker und der Patient, eine gemeinsame Aufgabe vorgenommen: das gemeinsame Verstehen dessen, was der Patient erlebt, und das gemeinsame Verstehen der Reaktionen des Analytikers auf das Erleben des Patienten. Es geht dabei nicht um das Verstehen des »Problems«, das der Patient hat. Der Patient »*hat*« kein Problem, sondern *ist* ein Mensch, der an seiner Art zu sein leidet.

Eine Revision der psychoanalytischen Therapie ist auch hinsichtlich der Bedeutung der Kindheit dringend angezeigt. Die klassische Analyse neigt dazu, im gegenwärtigen Geschehen »nichts anderes als« die Wiederholung der Vergangenheit (der frühen Kindheit) zu sehen. Dementsprechend ist das Ziel der Therapie, die Konflikte aus der Kindheit bewußtzumachen und das Ich des Patienten so zu stärken, daß es mit den verdrängten Triebwünschen besser umgehen kann, als es für das Kind damals möglich war. Da Freud erkannte, daß in vielen, wenn nicht in allen Fällen, das ursprüngliche kindliche Erleben nicht mehr erinnert werden konnte, hoffte er, es sozusagen in einer »Neuauflage« zu finden, nämlich in dem Material, das durch die Übertragung ans Licht gebracht wird.

Viele Analytiker begannen sich auf Rekonstruktionen dessen zu stützen, was vermutlich in der Kindheit geschehen war. Sie nahmen an, wenn der Patient verstehen könne, *warum* er zu dem wurde, was er jetzt ist, ihn diese Einsicht bereits heilen würde. Rekonstruktionswissen hat aber keinerlei heilenden Effekt; es ist nur eine intellektuelle Annahme von tatsächlichen oder vermeintlichen Fakten und Theorien. Wenn allerdings direkt oder indirekt suggeriert wird, daß das Wissen dieser Fakten vom Symptom befreien wird, dann mag die Macht der Suggestion, einer Teufelsaustreibung ähnlich, eine »Heilung« bewirken, wenn auch keine auf analytischem

Wege. Auch ist kaum zu bestreiten, daß das klassische Verständnis des psychoanalytischen Procedere, bei dem der Patient als Gegenüber des Analytikers verstanden und bewußt zum Kind gemacht wird, die suggestiven Beeinflussungsmöglichkeiten steigert. Auf diese Weise verkommt die psychoanalytische Therapie oft zu einem puren Eindringen in die Vergangenheit des Patienten, ohne daß die Erfahrung gemacht werden kann, daß Verdrängtes wirklich aufgedeckt wird.

Das rekonstruierende Verständnis der psychoanalytischen Therapie hat eine weitere Konsequenz: Statt die Eigenart und Bedeutung des gegenwärtigen Erlebens des Patienten wirklich zu verstehen, kommt es zu einer mechanischen Übersetzungsarbeit, bei der in allen Menschen, mit denen der Patient gegenwärtig in Kontakt steht, nur sein Vater, seine Mutter oder eine andere wichtige Bezugsperson aus seiner Kindheit gesehen werden. Ein Beispiel: Ein Mann hat die Neigung, auf seine Arbeitskollegen neidisch zu sein und sie als Bedrohung für seine Sicherheit und seinen Erfolg zu empfinden; er fühlt sich ernsthaft gestört durch das permanente Bedürfnis, seine Rivalen zu bekämpfen. Der Analytiker mag nun geneigt sein zu erklären, dies sei die Wiederholung seiner Eifersucht auf einen Bruder – in der Hoffnung, daß diese Deutung den Patienten von seinen Rivalitätsgefühlen befreien wird. Doch selbst wenn wir annehmen, daß der Patient sich an die Eifersucht erinnern kann, die er seinem Bruder gegenüber einmal gespürt hat, so reicht dieses Erinnern auf keinen Fall aus. Zuerst muß man im einzelnen genau die Eigenart seiner Eifersuchtsgefühle verstehen, und zwar damals als Kind und heute seinen Arbeitskollegen gegenüber. Erst dann wird der Patient sich der vielfältigen unbewußten Aspekte der damaligen oder heutigen Erfahrung gewahr werden und etwa seine Unmännlichkeit, seine Ohnmacht, seine Abhängigkeit von schützenden Figuren, seinen Narzißmus, seine Allmachtsphantasien und was immer auch der Fall sein mag spüren. Erst dann wird auch klar werden, daß sein Rivalisieren nicht als Wiederholung verstanden werden kann, sondern daß dahinter ein ganzes *System* steht, in dem das Rivalisieren nur ein Element ist.

Man sollte nie vergessen, daß die historische Erforschung der frühen Kindheit in der psychoanalytischen Therapie kein Selbstzweck ist, sondern das Aufdecken dessen, was unbewußt ist. Vieles von dem, was heute unbewußt ist, war auch schon früher unbewußt, vieles ist erst im Laufe der Zeit unbewußt geworden. Die Psychoanalyse ist nicht an der Vergangenheit als solcher interessiert, sondern nur insofern sie gegenwärtig ist. Richtet man sein Hauptaugenmerk auf die Vergangenheit in der Erwartung, daß die Gegenwart ihre Wiederholung ist, dann macht man es sich zu einfach und vergißt die Tatsache, daß vieles von dem, was wie eine Wiederholung aussieht, keine Wiederholung ist, und daß das, was jetzt verdrängt ist, kein einzelner Erfahrungsbereich (wie etwa die Kastrationsangst oder die Mutterbindung) ist, sondern ein ganzes System, ein »geheimer Plan« (»secret plot«), der das Leben eines Menschen bestimmt.

Selbst wenn sich der genetische Ansatz realisieren ließe und sämtliche verdrängten Kindheitserfahrungen aufgedeckt werden könnten, so wäre ein beträchtlicher Anteil des Unbewußten zwar aufgedeckt, aber beileibe nicht alles, da es zu vielen Verdrängungen erst später kam. Umgekehrt gilt, wenn man über die Kindheitserfahrungen überhaupt nichts wüßte, dann würde man bei einer Art »Röntgenaufnahme« das gesamte Spektrum des Verdrängten entdecken. Eine solche »Röntgenaufnahme« läßt sich mit Hilfe eines funktionalen Ansatzes herstellen, indem man das »gegenwärtige« Unbewußte mit Hilfe von Übertragungsphänomenen, Träumen, Assoziationen, Versprechern und anhand der Art zu sprechen, der Gestik, der Bewegungen, des Gesichtsausdrucks, der Art der Stimme, kurz mit allen Manifestationen des Verhaltens, erforscht. (Es sei eigens betont, daß die Übertragungsphänomene weit mehr zum Ausdruck bringen als nur die ursprünglichen Kindheitserfahrungen im Hinblick auf den Vater, die Mutter usw.)

Beide Ansätze, der genetische wie der funktionale, sind legitim. Wendet man jedoch nur den genetischen an und versteht unter Übertragung nur die Wiederholung von Kindheitserfahrungen, dann verfehlt man nicht nur einen Großteil des unbewußten Materials, sondern neigt auch dazu, das entdeckte Material aus der Kindheit nur für die Erklärung zu benützen, warum der Patient zu der Persönlichkeit geworden ist, die er jetzt ist. Geschieht dies, dann hat man das grundlegende psychoanalytische Prinzip, nämlich das Unbewußte zu *erleben,* zugunsten einer historischen Erforschung aufgegeben. Mag dies für die Psycho-Biographie eines Menschen gut (wenn auch nicht gut genug) sein, so hat es doch keinen therapeutischen Wert.

Diese knappen Bemerkungen werden erst wirklich bedeutsam, wenn man erkennt, daß das sehnsüchtige Verlangen nach Vater- oder Mutterfiguren nur teilweise als Wiederholung der früheren Vater- und Mutterbindung verstanden werden kann. Es wurzelt vielmehr in der gesamten psychischen Struktur eines Menschen, solange dieser nicht wirklich er selbst geworden ist.

Sicher haben die klassischen Analytiker recht, wenn sie einen oberflächlichen und simplen erzieherischen Ansatz für das Gegenwärtige kritisieren, aber sie liegen mit ihrer Kritik völlig falsch im Hinblick auf den hier vertretenen funktionalen Ansatz. Es ist absolut nicht oberflächlich, wenn versucht wird, tief in die verdrängten Aspekte des gegenwärtigen Erlebens einzudringen, während ein rein verstandesmäßiger Zugang zu Material aus der Kindheit sehr oberflächlich sein kann. Was diese Probleme anbelangt ist unser Wissen noch unzureichend, und meiner Meinung nach wären große Anstrengungen notwendig, um zu solideren Einsichten über das, was heilt, zu kommen: das In-Erinnerung-Rufen, das Wieder-Erleben oder die Rekonstruktion der Kindheitserfahrung.

Solche Untersuchungen könnten auch mehr Aufschluß über ein anderes, naheliegendes Problem bringen, über das wir fast gar nichts wissen. Ich meine die Theorien über den Zusammenhang zwischen frühen und späteren Erfahrungen. Die klassische Theorie sagt, daß die spätere Erfahrung eine Wiederholung der früheren ist, und zwar entweder als Fixierung an oder als Regression auf bestimmte prägenitale Stufen der Libido, wobei ein Kausalzusammenhang zwischen Vergangenheit und Gegenwart angenommen wird. Der Geizhals zum Beispiel stellt eine Regression auf die anale Stufe der Libido-Entwicklung dar. Ich dagegen verstehe eine anal-hortende oder eine oral-sadistische (ausbeuterische) Orientierung, Sadismus und Masochismus, Biophilie und Nekrophilie, Narzißmus und inzestuöse Fixierung als bestimmte Arten zu leben, die, wenn auch auf verzweifelte Weise, versuchen, mit der durch die menschliche Erfahrung aufgeworfenen Grundfrage des Menschen fertigzuwerden. Vom Standpunkt einer möglichst harmonischen und vitalen Erfahrung des Lebens mag die eine Lösung besser sein als eine andere, alle aber erfüllen sie die Aufgabe, ein System der Orientierung und Hingabe zu bieten. In diesem Sinne können sie auch als »spirituelle« Orientierungen angesehen werden. Der Mensch wählt sich eine dieser Orientierungen als seine Privatreligion und lebt in Übereinstimmung mit ihr. Die Orientierung ist sehr mächtig, und zwar nicht, weil sie das Ergebnis einer Regression auf eine prägenitale Stufe der Libido ist, sondern weil sie die Funktion erfüllt, eine Antwort auf das Leben zu sein, und dabei mit der Energie des gesamten Systems ausgestattet ist.

Was ist für die spezifische Orientierung, der ein Mensch folgt, ausschlaggebend? Neben konstitutionellen Faktoren ist es meines Erachtens der Gesellschafts-Charakter jener gesellschaftlichen Gruppierung, in der er lebt, und in einem geringeren Ausmaß dann auch die individuellen Gegebenheiten der Familie, in die er hineingeboren wurde. Wir verstehen deshalb die Charakterentwicklung in erster Linie als eine Antwort des Menschen auf die gesamte Konfiguration der Gesellschaft, deren Teil er ist, wobei diese Konfiguration ursprünglich durch die Familie vermittelt wird.

Man könnte vermuten, daß das Säuglingsalter und die frühe Kindheit auch die Realisierung verschiedener Formen der Orientierungen erlauben, wie sie sich von den Phasen der körperlichen Entwicklung nahelegen. Die frühen biologischen Phasen sind jedoch nicht notwendig *ursächlich* für die spätere Entwicklung; vielmehr sind sie nur ein *erstes Beispiel* einer Charakterbildung, die durch zwischenmenschliche Faktoren zustande kommt und die sich von der Kindheit an über das ganze Leben immer wieder neu manifestiert, es sei denn, gegenläufige Kräfte werden in Bewegung gesetzt, wie zum Beispiel die Kraft des Gewahrwerdens.

Ein letzter, zugleich äußerst wichtiger Gesichtspunkt im Hinblick auf die Revision von Theorie und Praxis der psychoanalytischen Therapie sei noch erwähnt. Die psychoanalytische Therapie begann als Methode, mit der sich neurotische Krankheiten (im traditionellen Wortsinn) heilen ließen. Sie wurde dann weiterentwickelt, um den »neurotischen Charakter« zu behandeln, das heißt, ein Charaktersystem wurde als krank betrachtet, obwohl es nicht die [für eine Neurose] sonst üblichen Symptome zeigt. Die Psychoanalyse wurde schließlich immer mehr von Menschen gesucht, die unglücklich und mit ihrem Leben unzufrieden waren, die sich ängstlich, leer und freudlos fühlten. Auch wenn sie den Grund für die Notwendigkeit ihrer Behandlung mit der traditionellen Begründung rationalisierten, daß sie von einer chronischen Krankheit geheilt werden wollten, so suchten viele doch einen höheren Grad an Wohl-Sein. Diese Menschen wollten die in ihnen liegenden Möglichkeiten ausdrücken, fähig werden, ganz lieben zu können, ihren Narzißmus oder ihre Feindseligkeit überwinden. Und selbst wenn sie zum Analytiker kamen, ohne sich dieser Ziele klar bewußt zu sein, wurde es doch bald offensichtlich, daß dies die wahren Gründe waren, warum sie um psychoanalytische Hilfe nachsuchten.

Was ist das für eine »Therapie«, bei der es um mehr Freude und Vitalität, um mehr Bewußtsein von sich und von anderen geht, um mehr Liebesfähigkeit, mehr Unabhängigkeit und um mehr Freiheit, man selbst zu sein? Es ist in der Tat keine »Therapie« mehr, zumindest nicht im üblichen Sinne, sondern eine Methode, um menschlich zu wachsen, eine »Heilung der Seele«, wie die wörtliche Übersetzung von »Psychotherapie« lautet.

Bei dieser Art Psychoanalyse werden persönliche Probleme wie Schlaflosigkeit, Beziehungsprobleme mit dem Ehepartner oder Schwierigkeiten mit den Kindern nicht als letzte Probleme angesehen, sondern als Indikatoren für ein allgemeines Unzufriedensein mit dem Leben. Es wird also deutlich, daß keines dieser »Probleme« wirklich gelöst werden kann, solange es zu keiner radikalen Änderung der ganzen Persönlichkeit kommt.

Noch etwas anderes wird deutlich: Eine Änderung des geistigen Zustands oder des Erlebens gibt es nur, wenn es zugleich zu einer Änderung in der eigenen Lebenspraxis kommt. Um ein einfaches Beispiel zu geben: Ein Sohn ist stark an seine Mutter gebunden und wird sich dieser Bindung und ihrer Wurzeln bewußt. Doch dieses Bewußtwerden wird völlig wirkungslos bleiben, solange er nicht Praktiken in seinem Leben ändert, die Ausdruck seiner Mutterfixierung sind und dies zugleich verstärken. Das gleiche gilt für einen Mann, dessen Beruf ihn zu andauernder Unterwürfigkeit und/oder Unaufrichtigkeit zwingt. Solange er diesen Beruf nicht aufgeben wird, und sei es um den Preis materieller und anderer Opfer, wird keine noch so große Einsicht etwas ändern. Es ist genau diese Notwendigkeit, bestimmte wichtige aber schmerzvolle Veränderungen innerhalb des eigenen Lebens vorzunehmen, die die Therapie so schwierig machen.

Die Psychoanalyse als »Heilung der Seele« macht freilich die

Psychoanalyse als Therapie zur Heilung von Krankheiten in keiner Weise überflüssig. Auch wenn eine ganze Reihe von therapeutischen Methoden entwickelt wurden, die für bestimmte Symptome geeigneter sind und/oder schneller eine Heilung bewirken als die Psychoanalyse, so gibt es doch noch immer eine große Anzahl von Krankheiten, leichte wie schwere, für die die Psychoanalyse die einzig geeignete und indizierte Therapieform ist. In vielen dieser Fälle kann von Krankheitssymptomen befreit werden, ohne – wie es für die »Heilung der Seele« unabdingbare Voraussetzung ist – die Tiefe der Persönlichkeit eines Patienten zu erreichen. Um einen psychotischen Menschen oder auch einen »neurotischen Charakter« wirklich zu verstehen und zu verändern, bedarf es jedoch immer einer Therapie, die die tiefsten Schichten der Existenz eines Menschen berührt.

»Der kleine Hans« –
Fromms Neuinterpretation eines
Freudschen Fallbeispiels

1966

Im Jahre 1905 veröffentlichte Freud seine *Drei Abhandlungen zur Sexualtheorie.* Die Daten, die sich bei seinen Analysen Erwachsener ergaben, weckten in ihm das wissenschaftliche Bedürfnis, die Gültigkeit seiner Beobachtungen dadurch zu beweisen, daß er das aus dem Leben eines Kindes gewonnene Material noch einmal genau überprüfte. Das Ergebnis war die *Analyse der Phobie eines fünfjährigen Knaben* (S. Freud, 1909b), die er vier Jahre später veröffentlichte. Mit diesem Werk, das viele fruchtbare Erkenntnisse enthält, glaubte Freud, die pathogene Rolle des Ödipuskomplexes bewiesen zu haben.

Freud glaubte, daß dieser Hans »wirklich ein kleiner Ödipus« war (S. Freud, 1909b, S. 345). Es machte dem kleinen Jungen großen Spaß, bei der Mutter im Bett zu liegen und mit ihr aufs Klosett zu gehen. Andererseits sah er im Vater einen Rivalen. In Gmunden wollte er den Vater »weg«, »beseitigt« haben, in Wien dann hatte dieser Wunsch die Form angenommen, »der Vater solle dauernd weg, solle ›tot‹ sein« (a.a.O., S. 346). Freud sagt deshalb (a.a.O.): »Die aus diesem Todeswunsch gegen den Vater entspringende, also normal zu motivierende Angst vor dem Vater bildete das größte Hindernis der Analyse, bis sie in der Aussprache in meiner Ordination beseitigt wurde.«

Nach Freuds Ansicht waren die Phobien des kleinen Hans eine Folge seiner libidinösen inzestuösen Wünsche nach der Mutter, die durch die Geburt seiner kleinen Schwester noch verschlimmert wurden, da er durch dieses Ereignis aus dem elterlichen Schlafzimmer verbannt wurde und die Mutter ihm nicht mehr die gewohnte Aufmerksamkeit schenken konnte. Hinzu kam noch sein Haß gegen den Vater als einen Rivalen, seine Angst, dieser werde ihn als Vergeltungsmaßnahme kastrieren, sowie das Verlangen des Kleinen, auch weiterhin der Liebe seiner Eltern würdig zu sein. Er wünscht den Tod des Vaters und fürchtet, von ihm kastriert zu werden, und diese Angst findet symbolischen Ausdruck in seiner Angst, von einem Pferd gebissen zu werden. So ist der Schrecken, den ein gefallenes Pferd dem kleinen Jungen einjagt, Ausdruck seines Wunsches, daß der Vater tot wäre. Sein Bestreben, dem Anblick eines Pferdes aus dem Weg zu gehen, ist eine Manifestation der Phobie, die sich als Flucht vor beiden Ängsten bei ihm entwickelt hat.

Wenn auch Freuds Argumentation durchaus logisch und plausibel erscheint und er eine Fülle von klinischem Material dazu vorbringt, bleiben doch einige Fragen und Zweifel bestehen. Die erste Frage lautet: Behandeln die Eltern den kleinen Hans wirklich so vernünftig, wie Freud es behauptet?

»Seine Eltern, die beide zu meinen nächsten Anhängern gehörten, waren übereingekommen, ihr erstes Kind mit nicht mehr Zwang zu erziehen, als zur Erhaltung guter Sitte unbedingt erforderlich werden sollte, und da das Kind sich zu einem heiteren, gutartigen und aufgeweckten Buben entwikkelte, nahm der Versuch, ihn ohne Einschüchterung aufwachsen und sich äußern zu lassen, seinen guten Fortgang« (S. Freud, 1909b, S. 244). Und Freud fügt noch hinzu (a.a.O., S. 338): ». . . und so dürfte er auch durch die Erziehung geworden sein, die ihm die Eltern schenkten, die wesentlich in der Unterlassung unserer gebräuchlichen Erziehungssünden bestand.« Es gilt als sicher: »Für die Eltern unseres kleinen Patienten stand von Beginn der Erkrankung an fest, daß man ihn weder auslachen noch brutalisieren dürfe« (a.a.O., S. 351).

Aber stimmt es wirklich, daß die Eltern des kleinen Hans bei dessen Erziehung möglichst wenig Zwang anwandten und daß sie »unsere gebräuchlichen Erziehungssünden« unterließen? Als ein ehrlicher Denker gibt Freud seine Daten stets unentstellt wieder, und hier liefert er uns genügend Material, aus dem hervorgeht, daß seine Bewertung der Haltung der Eltern nicht stimmt.

(1) Die Erziehungsmethode der Eltern ist keineswegs frei von Drohungen. Die Mutter droht ausdrücklich mit einer Kastration: »Wenn du das machst [den Penis mit der Hand anfaßt], laß' ich dir den Dr. A. kommen, der schneidet dir den Wiwimacher ab...« (a.a.O., S. 245). Sie droht ihm auch, sie werde ihn verlassen. Hans: »Die Mammi hat mir gesagt, daß sie nicht mehr kommt« (a.a.O., S. 279).

(2) Die Eltern scheuen sich bei ihren Erziehungsmaßnahmen auch nicht zu lügen. Hierzu ist zu sagen, daß es keineswegs so harmlos ist, ein Kind zu belügen, wie die meisten Eltern annehmen. Erstens ist das Anlügen eines Kindes eine subtile Art, sich über es lustig zu machen, besonders wenn es das fühlt, auch wenn es noch nicht mit Sicherheit erkennen kann, ob die Behauptung des Erwachsenen wahr ist oder nicht. Zweitens ist das Belügen von Kindern auch eine Art der Gewaltanwendung. Das Kind kann nicht wissen, was wahr ist; es muß darauf vertrauen, daß die Eltern aufrichtig zu ihm sind, und es hat keine Möglichkeit, sich gegen eine Unwahrheit zur Wehr zu setzen. Freud selbst hat 1909 in seiner Abhandlung *Der Familienroman der Neurotiker* gesagt: »Für das kleine Kind sind die Eltern zunächst die einzige Autorität und die Quelle alles Glaubens« (S. Freud, 1909c, S. 227). Unserer Meinung nach ist Hans nicht so naiv, wie die Mutter glaubt. Ist das Kind wirklich davon überzeugt, daß der Storch die kleinen Kinder bringt? (Vgl. S. Freud, 1909b, S. 247 f.) Freud sagt uns: »...es ist Parodie und Hansens Rache an seinem Vater. Es heißt soviel als: *Kannst du mir zumuten, daß ich glauben soll, der Storch habe die Hanna im Oktober gebracht, wo ich doch den großen Leib der Mutter schon im*

Sommer, wie wir nach Gmunden gefahren sind, bemerkt hab',
so kann ich verlangen, daß du mir meine Lügen glaubst«
(a.a.O., S. 305).
Das gleiche gilt vermutlich auch bezüglich einer anderen
Lüge. Hansens Mutter sagt, sie habe ebenfalls einen Penis,
und sein Vater bestätigt es. Wir haben Grund zu bezweifeln,
daß Hans völlig davon überzeugt ist. Wir glauben vielmehr,
daß er, als er antwortet, der Penis seiner Mutter sei so groß
wie der des Pferdes, sich halbbewußt über sie lustig macht.
Wir wollen nicht noch mehr Beispiele für die Erziehungsmethoden der Eltern anführen. Statt dessen möchten wir die
Frage stellen: Wie konnte Freud auf den Gedanken kommen,
sie hätten die üblichen Erziehungsfehler vermieden, wo sie
doch genau die gleichen »brutalisierenden« Strafmethoden
anwandten wie fast alle Eltern (in milderer und versteckterer
Form in der Mittel- und Oberschicht und gröber und unver-
blümter in der Unterschicht)?
Die einzige Erklärung dafür dürfte sein, daß Freud in dieser
Beziehung einen »blinden Fleck« hatte. Seine Einstellung zur
bürgerlichen Gesellschaft war die einer liberalen, aber nicht
die einer radikalen Kritik. (Freuds Einstellung zur bürgerlichen Gesellschaft geht deutlich aus seinen Ansichten während
des Ersten Weltkriegs hervor; vgl. E. Fromm, 1959a). Er
wollte die allzu strengen Erziehungsmethoden abschwächen
und mildern, aber er ging nicht so weit, die Grundlage der
bürgerlichen Gesellschaft zu kritisieren, nämlich das Prinzip
von Gewalt und Drohung. Daß er seine ursprüngliche Theorie
über Kinder-Traumen abänderte, geht vermutlich auf dieselbe
Haltung zurück. Er kam schließlich zu dem Schluß, daß diese
Traumata im allgemeinen nicht durch irgendwelche Tatsachen
hervorgerufen werden, sondern daß es sich dabei um Manifestationen von inzestuösen und aggressiven Phantasien des
Kindes handelt. Unserer Meinung nach ist die nachdrückliche
Betonung der inzestuösen Wünsche des Kindes bis zu einem
gewissen Grade eine Abwehrmaßnahme der Eltern, die

auf diese Weise von ihren eigenen inzestuösen Phantasien und Handlungen, die bekanntermaßen vorkommen, freigesprochen werden. (Im Fall von Hans spielt die Mutter, wie wir gleich sehen werden, die Rolle einer aktiven Verführerin.)

Um wieder auf das klinische Material zu sprechen zu kommen, wenden wir uns jetzt der Bedeutung der Symptome des kleinen Hans zu. Er hatte zweifellos Angst, kastriert zu werden. Aber diese Angst gründet sich nicht, wie Freud behauptet, auf sehr geringfügige Anspielungen. Ganz im Gegenteil handelt es sich um klare, kräftige Drohungen. Aber von wem kommen diese Drohungen? Nicht der Vater spricht sie aus, sondern die Mutter. Wir müssen daraus schließen, daß die Kastrationsangst von Hansens Mutter, und nicht von seinem Vater hervorgerufen wurde. Die Mutter jagt ihm nicht nur mit der Kastrationsdrohung einen Schrecken ein, sie sagt auch zu ihm, daß sie ihn verlassen werde. (Vgl. S. Freud, 1909b, S. 279.) Die Angst vor seiner Mutter äußert sich auch in einem weiteren Symptom. Hans sagt:»Ich fürcht' mich nur in der großen Badewanne, daß ich hineinfall'.« Darauf der Vater: »Da badet dich doch die Mama. Fürchtest du dich, daß dich die Mammi ins Wasser werfen wird?« Hans: »Daß sie die Hände weggeben wird, und ich falle ins Wasser mit dem Kopf« (a.a.O., S. 301).

Es besteht kein Zweifel, daß die wirklichen Ängste von Hans durch die Mutter, und nicht durch den Vater verursacht sind.

Und auch der Traum des kleinen Jungen über den Installateur muß nicht unbedingt ein Hinweis darauf sein, daß sich die Kastrationsangst auf den Vater bezieht, ja nicht einmal daß der Traum Kastrationsangst zum Ausdruck bringt. Es ist zum mindesten möglich, daß der Traum von Hans den Wunsch offenbart, einen ebenso großen Penis wie der Vater zu haben und seinen kleinen gegen einen großen Penis austauschen zu können. Mit anderen Worten kann in dieser Phantasie eher sein Wunsch zum Ausdruck kommen, erwachsen zu sein, als seine Angst vor der Kastration.

Es fehlt uns hier der Raum, näher darauf einzugehen, daß die Idee, ein Kind habe hauptsächlich Angst vor seinem Vater, einen weiteren »blinden Fleck« widerspiegelt, der auf Freuds extrem patriarchalischer Einstellung beruht. Er konnte sich einfach nicht vorstellen, daß eine Frau die Hauptursache der Angst sein könnte. Aber es gibt viele klinische Beobachtungen, die beweisen, daß die intensivsten und krankhaftesten Ängste sich tatsächlich auf die Mutter beziehen; im Vergleich dazu ist die Angst vor dem Vater relativ unbedeutend. (Vgl. J. Silva Garcia, 1966.)

Anstatt der Angst vor dem Vater entdecken wir genau das Gegenteil: Es scheint, daß Hans den Vater braucht, damit er ihn vor der bedrohlichen Mutter beschützt, und daß der Erfolg der Therapie nicht so sehr den Interpretationen als der beschützenden Rolle des Vaters und der des »Super-Vaters« – d. h. Professor Freuds selbst – zu verdanken ist.

Die klassische Basis des Ödipuskomplexes ist das inzestuöse Begehren des Kindes nach der Mutter. Freud war der Ansicht, daß diese Wünsche »endogen«, und nicht das Resultat mütterlicher Verführung seien. Wir bezweifeln nicht, daß ein fünf- oder sechsjähriges Kind sexuelle Interessen und Wünsche hat und daß deren Gegenstand sehr häufig die Mutter des Kindes ist. Trotzdem fragen wir uns, ob dieses sexuelle Begehren so intensiv und exklusiv ist, wie Freud meinte, und ob es, wenn eine aktive Verführung von seiten der Mutter nicht vorhanden ist, derart spontan sein kann.

Das von Freud angebotene klinische Material liefert uns einige wichtige Hinweise zur Beantwortung dieser Fragen. Was die Verführung durch die Mutter betrifft, so besteht kaum ein Zweifel, daß sie Hans gern bei sich im Bett hatte und ihn mit aufs Klosett nahm. Aber trotz dieses verführerischen Verhaltens ist die Mutter für Hans nicht das ausschließliche Objekt, das eine sexuelle Anziehung auf ihn ausübt. Er

möchte auch sehr gern mit Mariedl zusammen schlafen und
sagt einmal ganz offen, daß er ihre Gesellschaft der seiner
Mutter vorzieht. Wir glauben wohl, daß Hans sich von ihr
sexuell angezogen fühlt, jedoch nicht so ausschließlich und
intensiv, daß ein so schrecklicher Haß gegen den Vater und
dementsprechend eine so große Angst vor ihm hätte entstehen
können.

Das heißt nicht, daß wir die Bedeutung der Bindung des Sohnes an seine Mutter unterschätzen. Wir sind ganz im Gegenteil davon überzeugt, daß in diesem Fall diese Bindung viel
tiefer ging, als wenn sie sich hauptsächlich oder ausschließlich
auf sexuelle Wünsche gegründet hätte. Tatsächlich ist ja das
sexuelle Interesse besonders beim Mann nicht allein die
Grundlage für eine sehr beständige sexuelle Beziehung. Es
fällt ihm nicht schwer, den Gegenstand seines sexuellen Inter-
esses zu wechseln, und das gleiche gilt auch für kleine Jungen.
Die Möglichkeit, daß eine emotionale Bindung an die Mutter
eine prägenitale Fixierung ist, hat Freud in seinem *Abriß der
Psychoanalyse* (1940a, S. 115) erwogen:

»Das erste erotische Objekt des Kindes ist die ernährende
Mutterbrust, die Liebe entsteht in Anlehnung an das befrie-
digte Nahrungsbedürfnis. Dies erste Objekt vervollständigt
sich später zur Person der Mutter, die nicht nur nährt, sondern
auch pflegt und so manche andere, lustvolle wie unlustige,
Körperempfindungen beim Kind hervorruft. In der Körper-
pflege wird sie zur ersten Verführerin des Kindes. *In diesen
beiden Relationen* wurzelt die einzigartige, unvergleichliche,
fürs ganze Leben unabänderlich festgelegte Bedeutung der
Mutter als erstes und stärkstes Liebesobjekt, als Vorbild aller
späteren Liebesbeziehungen – bei beiden Geschlechtern«
(Hervorhebung E. F.).

Die emotionale Bindung zwischen Kind und Mutter geht tatsächlich tiefer, als der Begriff »prägenitale Fixierung« aus-
drückt. Es ist eine Gefühlsbindung von großer Tiefe, eine
Bindung, in der die Mutter Wärme, Hilfe und Schutz reprä-

sentiert; tatsächlich vertritt sie das Leben selbst, alles, was zum Leben und zur Vermeidung von Angst notwendig ist. Mutterliebe ist eine bedingungslose Liebe, die eine starke Befriedigung, ja Euphorie erzeugt. Aber aus eben demselben Grund ist die Mutter auch Gegenstand der intensivsten Furcht. Sie kann Leben geben, und sie kann Leben vernichten.

Die klinischen Erfahrungen vieler Analytiker haben gezeigt, daß die Mutter, und nicht der Vater in der Kindheit den positivsten, aber auch den schädlichsten Einfluß ausübt. Vielleicht reicht es nicht aus, wenn man die Bindung an die Mutter als »prägenital« bezeichnet. Es besteht die Möglichkeit, daß die Basis der Fixierung auf einer tieferen Ebene liegt als der oralen; es könnte sein, daß sie von Empfindungen herrührt, die durch Hautkontakt und gegenseitige Anziehung vom Tag der Geburt an entstehen und die wir als »prä-prägenital« bezeichnen könnten. (Man hat zu diesem Thema sehr interessante Tierexperimente durchgeführt.)

Wenn Hans in erster Linie Angst vor seiner Mutter und nicht vor seinem Vater hat, wenn seine sexuellen Wünsche nicht pathogen sind und keine feindseligen Gefühle gegen den Vater und keine Angst vor ihm hervorrufen, wie erklärt sich dann die Phobie des Kindes? Wir nehmen an, daß folgende Elemente dazu beigetragen haben: Da Hans bereits eine Mutterbindung entwickelt hat, wird seine Angst vor ihr durch die Kastrationsdrohung und durch die Drohung, sie werde ihn verlassen, noch verstärkt. Diese Angst wird außerdem durch seine erste Konfrontation mit dem Tod intensiviert, als er noch vor dem Auftauchen seiner Phobie in Gmunden an einer Beerdigung teilnimmt. Später sieht er ein Pferd fallen und glaubt, es wäre tot. Die erste Begegnung mit dem Tod ist im Leben eines Kindes ein sehr ernstes Ereignis, und sie kann bei einem durch Kastrationsangst bereits empfindlich gewordenen Kind noch zusätzliche Angst hervorrufen.

Hieraus läßt sich schließen, daß die Furcht vor dem Pferd zwei Ursachen hat: 1. die Angst vor der Mutter aufgrund ihrer

Kastrationsdrohung und 2. die Angst vor dem Tod. Um beiden Ängsten zu entgehen, entwickelt Hans die Phobie, die es ihm erspart, Pferde zu sehen und beide Arten von Angst zu empfinden.

Wir möchten annehmen, daß die Angst vor Lastpferden, die vor fahrende Lieferwagen und dergleichen gespannt waren, sich speziell auf die Mutter und nicht, wie Freud sie interpretierte, auf den Vater bezog. Haben wir es vielleicht mit einer intensiven, aber verdrängten feindseligen Aggression gegen die Mutter aufgrund ihrer Drohungen und ihres »Verrats« zu tun, der darin bestand, daß sie ein Töchterchen – eine Rivalin – zur Welt brachte, und außerdem mit dem Wunsch des kleinen Jungen, von seiner Bindung an sie loszukommen? Möglich wäre es, doch besitzen wir nicht genug Material, um es zu beweisen.

Eine Tatsache jedoch stützt diese Hypothese. Unter Bezugnahme auf eine Phantasie von Hans über ein Pferd, das er aus dem Stall geführt habe, fragt ihn sein Vater: »Woher? Aus dem Stalle?« Darauf Hans: »Ich hab's herausgeführt, weil ich es hab' wollen peitschen.« Dann fragt der Vater weiter: »›Wen möchtest du eigentlich gerne schlagen, die Mammi, die Hanna oder mich?‹

Hans: ›Die Mammi.‹

Der Vater: ›Warum?‹

Hans: ›Ich möcht' sie halt schlagen.‹

Der Vater: ›Wann hast du gesehen, daß jemand eine Mammi schlägt?‹

Hans: ›Ich hab's noch nie gesehen, in meinem Leben nie.‹

Der Vater: ›Und du möchtest es halt doch machen. Wie möchtest du das tun?‹

Hans: ›Mit dem Pracker.‹ (Mit dem Pracker droht die Mama öfter ihn zu schlagen.)« (S. Freud, 1909b, S. 316).

Dieses Gespräch legt den Gedanken nahe, daß der Junge das Pferd mit der Mutter und mit seinen feindseligen Gefühlen gegen sie identifiziert. Freud meint, »daß der Wunsch Hansens, das Pferd zu ›necken‹, doppelt gefügt ist, zusammengesetzt aus einem dunklen, sadistischen Gelüste auf die Mutter und einem klaren Rachedrange gegen den Vater« (a.a.O., S. 318). Letztere Vermutung liegt den meisten Interpretationen bei der Analyse von Hans zugrunde. Aber richten sich die feindseligen Gefühle des Jungen wirklich gegen den Vater, wie Freud schließt? Wird das durch irgendwelche Äußerungen von Hans bestätigt?

Wenn wir die Beweise, die Freud dafür vorbringt, näher untersuchen, müssen wir uns darüber klar sein, daß er dem kleinen Hans gewisse Dinge suggeriert hat, bevor er genügend Material für die Beweise hatte. Er berichtet: »Ich fragte Hans scherzend ..., ob er mit dem Schwarzen um den ›Mund‹ den Schnurrbart meine, und eröffnete ihm dann, er fürchte sich vor seinem Vater, eben weil er die Mutter so lieb habe« (a.a.O., S. 277). Angesichts der Autorität des Professors als »Super-Vater« muß diese Suggestion einen starken Einfluß auf das Kind gehabt haben. Es erhebt sich die Frage, bis zu welchem Grad einige von Hansens Assoziationen auf diese Suggestion zurückgehen und wieweit sie spontan sind.

Aggressionsgefühle gegen den Vater kommen deutlich in folgendem Dialog zum Ausdruck (S. Freud, 1909b, S. 324f.):
»Der Vater: ›Weshalb weinst du also immer, wenn die Mammi mir einen Kuß gibt? Weil du eifersüchtig bist.‹ (Man beachte auch hier das Suggestive der Interpretation.)
Hans: ›Das schon.‹
Der Vater: ›Was möchtest du denn machen, wenn du der Vatti wärst?‹
Hans: ›Und du der Hans? – Da möcht' ich dich jeden Sonntag nach Lainz fahren, nein, auch jeden Wochentag. Wenn ich der Vatti wär', wär' ich gar brav.‹
Der Vater: ›Was möchtest du mit der Mammi machen?«
Hans: ›Auch nach Lainz mitnehmen.‹
Der Vater: ›Was sonst noch?‹
Hans: ›Nix.‹

Der Vater: ›Weshalb bist du denn eifersüchtig?‹

Hans: ›Das weiß ich nicht.‹«

Und später (a.a.O., S. 326):

»Der Vater: ›In Gmunden warst du oft im Bett bei der Mammi?‹

Hans: ›Ja.‹

Der Vater: ›Und dann hast du dir gedacht, du bist der Vatti?‹

Hans: ›Ja.‹

Der Vater: ›Und dann hast du dich vor dem Vatti gefürchtet?‹

Hans: *›Du weißt ja alles, ich hab' nichts gewußt.‹*

Der Vater: ›Wie der Fritzl gefallen ist, hast du dir gedacht, wenn der Vatti so fallen möchte, und wie dich das Lamperl gestoßen hat, wenn es den Vatti stoßen möcht'. Kannst du dich an das Begräbnis in Gmunden erinnern?‹ (Das erste Begräbnis, das Hans sah. Er erinnert sich öfter daran, eine zweifellose Deckerinnerung.)

Hans: ›Ja, was war da?‹

Der Vater: ›Da hast du gedacht, wenn der Vatti sterben möcht', wärst du der Vatti.‹

Hans: ›Ja.‹«

Bestätigt diese Unterhaltung, daß Hans von einer tiefen Feindseligkeit gegen seinen Vater erfüllt war? Natürlich, wenn man sie in der Überzeugung interpretiert, daß darin der Ödipuskomplex zum Ausdruck kommt. Es ist dann die korrekte Interpretation, und was Hans sagt, scheint sie zu bestätigen. Wenn man aber das Material ohne diese Überzeugung untersucht, kann man zu anderen Schlüssen kommen: Die Sehnsucht von Hans, die Stelle seines Vaters einzunehmen, muß nicht unbedingt Ausdruck von Haß oder eines tiefsitzenden Wunsches sein, daß der Vater tot wäre. Wir dürfen nicht vergessen, daß einer der häufigsten Wünsche von Kindern der ist, erwachsen zu sein, nicht länger der Macht und Überlegenheit der Erwachsenen unterworfen zu sein, und nicht mehr von ihnen ausgelacht zu werden. Deshalb möchten kleine Mädchen mit Puppen spielen, und deshalb stellen sich kleine Buben vor, sie wären schon erwachsen. Eine weitere allgemeine Tendenz, die man auch in Betracht ziehen sollte, ist, daß man das, was man als passives Objekt erlebt, als aktives Subjekt erleben möchte. In *Jenseits des Lustprinzips* erwähnt Freud die allgemeine Neigung, passive Situationen in aktive umzuwandeln. So etwa, wenn ein Kind ein Erlebnis, von dem es betroffen wird, anschließend aktiv im Spiel umsetzt: »Es war dabei passiv, wurde vom Erlebnis betroffen und bringt sich nun in eine aktive Rolle, indem es dasselbe, obwohl es unlustvoll war, als Spiel wiederholt ... Indem das Kind aus der Passivität des Erlebens in die Aktivität des Spielens übergeht, fügt es einem Spielgefährten das Unangenehme zu, das ihm selbst widerfahren war, und rächt sich so an der Person dieses Stellvertreters« (S. Freud, 1920g, S. 14 f.).

Klinische Erfahrungen weisen darauf hin, daß die Tendenz, eine passive Situation in eine aktive umzuwandeln, eine große Macht besitzt und im Kind wie auch im Erwachsenen viele Wünsche erzeugt. Der Wunsch, selbst der Vater zu sein, aktiv zu tun, was man passiv erlebt, sowie eine mäßige Eifersucht auf den Vater könnte die Äußerungen des kleinen Hans befriedigend erklären, ohne daß damit die Hypothese von ungeheuren Haßgefühlen gegen den Vater als Ursache von Hansens Angst und als indirekte Ursache seiner Phobie bestätigt wäre.

Und noch etwas anderes sollte man in Erwägung ziehen. Wenn ein Fünfjähriger sagt: »Ja, ich wollte, mein Vater wäre tot«, dann kommt darin nicht unbedingt Haß zum Ausdruck. Es könnte sich auch um eine Phantasievorstellung handeln, die in diesem Augenblick sogar angenehm empfunden wird und die keineswegs das starke Gewicht der realistischen Vorstellung vom Tod hätte. Aus der Analyse von Hans geht hervor, daß er weder große Angst vor seinem Vater hatte, noch ihn haßte. Er hätte sonst nicht so offen mit ihm gesprochen und hätte nicht so positiv auf seine Fragen reagiert. Wenn wir ohne die Prämissen des Ödipuskomplexes die Beziehung zwischen Hans und seinem Vater untersuchen, können wir deutlich erkennen, daß es sich um eine Beziehung handelt, die sich auf Freundschaft und Vertrauen gründet.

Vielleicht wird man fragen, wie man es sich erklären kann, daß eine Phobie mit Hilfe von teilweise unrichtigen Interpretationen geheilt werden kann. Dazu haben wir folgendes zu sagen:

1. Die irrtümliche Interpretation berührt einen Bestandteil des zentralen Konflikts, wenn auch nur am Rande und symbolisch.

2. Auch wenn die Interpretation nicht richtig oder vielleicht nicht ganz richtig ist, so ist doch die Methode, nach etwas zu suchen, was hinter dem manifesten Verhalten steckt, schon an und für sich eine Hilfe.

3. In gewissen Fällen, wie zum Beispiel dem vorliegenden, besteht die Möglichkeit, daß Suggestionen mit im Spiel sind: Der Herr Professor wird dir helfen, mit deinen Dummheiten zurechtzukommen. Dies um so mehr, wenn der Professor das Ansehen und die Autorität von Freud besitzt und – was noch wichtiger ist – soviel Liebe und Respekt gegenüber dem Kind zeigt, wie er das im Verlauf des ganzen Falles tat.

4. Wenn unsere Annahme stimmt, daß Hans hauptsächlich vor seiner Mutter Angst hatte, dürfte der wichtigste Faktor das Interesse und die Unterstützung gewesen sein, die das Kind von seinem Vater und vom Professor erhielt, die ihm Mut machten, ihm ein Gefühl der Stärke gaben und ihm seine Angst zum Teil nahmen.

5. Schließlich sollte man sich auch darüber klar sein, daß es sich nur um eine leichte Phobie handelte, wie sie oft bei Kindern vorkommt, und daß sie vermutlich auch ohne Behandlung oder ohne die Unterstützung durch den Vater und dessen Interesse daran von selbst wieder verschwunden wäre.

Um zusammenzufassen: Wir sind der Meinung, daß das klinische Material dieses Falles anders verstanden und analysiert werden kann, als Freud es interpretiert hat. Dabei gehen wir von einer anderen Voraussetzung aus: Für den kleinen Jungen (wie auch für das kleine Mädchen) hat die Mutterimago eine größere Bedeutung als die Vaterimago, und zwar sowohl hinsichtlich der Liebesbindung als auch hinsichtlich der Angst. Die Mutter ist Spenderin des Lebens, aber sie kann es auch vernichten. Der Aspekt der Liebe besitzt jedoch nicht wesentlich genitalen Charakter; er ist vielmehr prägenital (oder sogar prä-prägenital).

Die genitalen Aspekte dieser Bindung sind sekundär und bilden nicht den Kern der Bindung. Eine verführerische und gleichzeitig drohende Mutter erregt oft eine intensive Angst. Der Sohn kann dieser Angst dadurch entrinnen, daß er seine positive Bindung an die Mutter verstärkt, wenn er auch dafür den Preis bezahlen muß, daß seine Männlichkeit eine Schwächung erleidet. Oder er kann eine positive Bindung an den Vater herstellen, der ihm helfen wird, die Angst vor der Mutter zu überwinden. Unserer Auffassung nach stützen hier die klinischen Daten die Hypothese, daß die Phobie hauptsächlich auf der Angst vor der Mutter basierte und daß der Vater die Aufgabe übernahm, dem Kind mehr Mut und Kraft einzuflößen.

Wir möchten noch hinzufügen: Freud hält die Kastrationsangst für endogen und meint, sie sei die Folge inzestuöser Phantasien. Wir betonten bereits, daß im Fall des kleinen Hans die Kastrationsdrohungen recht klar ausgesprochen wurden und von anderer Art waren. Aber wir glauben, noch einen Schritt weitergehen zu müssen.

Von einigen primitiven Gesellschaften abgesehen, ist ein Hauptprinzip der Gesellschaft bis zum heutigen Tag die Anwendung von Gewalt (oder deren Androhung) gegen alle Machtlosen, etwa gegen Kinder und Arme. Diese Androhung von Gewalt, ob sie nun direkt und offen oder in milderer

Form und weniger direkt erfolgt, ruft beim Kind Angst hervor, und die Angst verwandelt sich in Schuldgefühle, wenn – wie dies fast stets der Fall ist – diejenigen, welche die Macht besitzen, es fertigbringen, die Machtlosen durch eine Gehirnwäsche davon zu überzeugen, daß sie – die Inhaber der Macht – tugendhaft und voll guter Absichten sind. Den Geboten der Erwachsenen nicht zu gehorchen, ist eine Quelle der Angst. In einer Kultur, die Kindern sexuelle Betätigung verbietet, beruht Angst auf der Androhung von Kastration als Strafe für eine derartige Betätigung. Würden andersartige Betätigungen verboten, dann würde sich die Angst des Kindes auch auf diese beziehen. Kurz: Die Kastrationsangst ist nur eine der Manifestationen einer allgemeinen Angst, die durch das Prinzip der Gewalt und durch Drohungen die gesamte Struktur unserer Gesellschaft durchdringt.

Um zu dieser Erkenntnis zu gelangen, müssen wir über den Rahmen des Familienlebens hinaus die Struktur der verschiedenen Gesellschaften kritisch überprüfen.

Das andere Traumverstehen

1979

Aufgrund meiner Erfahrungen mit der Deutung der Träume
vieler Menschen – einschließlich mir selbst – glaube ich, daß
Freud die Bedeutung seiner Entdeckung der in Träumen wirksamen Zensur durch ihre dogmatische Verallgemeinerung
stark eingeschränkt hat. Es gibt viele Träume, in denen die
Zensur in nichts anderem besteht, als in der poetischen und
symbolischen Sprache, in der der Inhalt ausgedrückt ist, aber
das bedeutet nur für Menschen mit einer geringen poetischen
Vorstellungskraft eine Zensur. Für Menschen, die ein natürliches Gefühl für Poesie haben, kann der symbolische Charakter der Traumsprache mit Zensur kaum in Zusammenhang
gebracht werden.

Ich möchte im folgenden einen Traum zitieren, den man ohne
jede Assoziation verstehen kann und in dem keinerlei Zensur-
elemente vorhanden sind. Andererseits können wir erkennen,
daß die vom Träumer beigesteuerten Assoziationen unser
Verständnis des Traumes bereichern.

Ein achtundzwanzigjähriger Rechtsanwalt erinnert sich beim
Aufwachen an folgenden Traum, den er später dem Analytiker erzählt: »*Ich sah mich auf einem weißen Schlachtroß reiten
und eine Truppenschau mit vielen Soldaten abhalten, die mir
alle stürmisch zujubelten.*«

Die erste Frage, die der Analytiker dem Patienten stellt, ist
ziemlich allgemeiner Art. »Was fällt Ihnen dabei ein?« –
»Nichts«, antwortet der Mann, »der Traum ist dumm. Sie
wissen doch, daß mir Krieg und Militär verhaßt sind und daß
ich ganz gewiß nicht den Wunsch habe, ein General zu sein.«

Er fügt hinzu: »Ich möchte auch nicht im Mittelpunkt der Aufmerksamkeit stehen und mich von Tausenden von Soldaten anstarren lassen, ob sie mir zujubeln oder nicht. Aus dem, was ich Ihnen gesagt habe, wissen Sie ja über meine Berufsprobleme Bescheid – wie schwer es mir fällt, bei Gericht einen Fall zu vertreten, wenn mich alle anschauen.«

»Dennoch stimmt es, daß es sich um *Ihren* Traum handelt, daß Sie die Handlung entworfen und sich Ihre Rolle zugeteilt haben. Trotz aller augenscheinlichen Ungereimtheiten muß er irgendeine Bedeutung haben und irgendwie sinnvoll sein. Beginnen wir also mit Ihren Assoziationen zu den Trauminhalten. Konzentrieren Sie sich auf das Traumbild, wie Sie auf dem weißen Pferd sitzen und die Truppen Ihnen zujubeln – und sagen Sie mir, was Ihnen bei diesem Bild einfällt.«

»Merkwürdig, jetzt sehe ich ein Bild, das ich mir, als ich vierzehn oder fünfzehn Jahre alt war, sehr oft betrachtet habe. Es war ein Bild von Napoleon – ja, tatsächlich, er saß auf einem weißen Pferd und ritt an der Spitze seiner Truppen – nur: ihm zugejubelt haben die Soldaten auf dem Bild nicht.«

»Diese Erinnerung ist gewiß interessant. Erzählen Sie mir noch mehr über Ihre Vorliebe für dieses Bild und über Ihr Interesse an Napoleon.«

»Darüber könnte ich Ihnen eine ganze Menge erzählen, aber es ist mir etwas peinlich. Ja, im Alter von vierzehn oder fünfzehn Jahren war ich ziemlich schüchtern. Ich war nicht sehr gut im Sport und hatte irgendwie Angst vor großen Jungen. Ach ja, jetzt fällt mir ein Vorfall aus dieser Zeit ein, den ich völlig vergessen hatte. Ich mochte einen von diesen starken Jungen gern und hätte ihn gern zum Freund gehabt. Wir hatten bis dahin kaum miteinander geredet, aber ich hoffte, daß er mich auch gut leiden könnte, wenn wir nur erst besser miteinander bekannt wären. Eines Tages nahm ich allen Mut zusammen und ging zu ihm hin und fragte ihn, ob er nicht mit mir heimgehen wolle; ich hätte ein Mikroskop und könnte ihm eine Menge interessanter Dinge zeigen. Er sah mich einen

Augenblick lang an, dann fing er an zu lachen und er lachte und lachte. ›Du Waschlappen, geh doch heim und lade dir ein paar von den kleinen Freundinnen deiner Schwestern ein!‹ Ich wandte mich ab, um mein Schluchzen zu verbergen. Damals fing ich an, Bücher über Napoleon zu verschlingen; ich sammelte Abbildungen von ihm und schwelgte in Tagträumen, so zu werden wie er, ein berühmter General, der von der ganzen Welt bewundert würde. War er nicht auch klein gewesen? War er nicht auch als Junge schüchtern gewesen, genau wie ich? Warum sollte ich nicht auch so etwas wie er werden können? Viele Stunden am Tag träumte ich vor mich hin, wobei ich mich fast nie konkret mit den Mitteln und Wegen dazu befaßte, sondern immer nur mit der vollendeten Tatsache. Ich *war* Napoleon, bewundert und beneidet und trotzdem großmütig und bereit, meinen Verleumdern zu vergeben. Als ich ins College ging, hatte ich meine Heldenverehrung und meine Tagträume über Napoleon überwunden. Tatsächlich habe ich seit Jahren nicht mehr an diese Zeit gedacht, und ganz gewiß habe ich noch nie mit jemand darüber gesprochen. Es ist mir selbst jetzt noch peinlich, mit Ihnen darüber zu reden.«

»Sie haben es vergessen, aber Ihr anderes Ich, das viele Ihrer Handlungen und Gefühle bestimmt, das sich vor dem, was Sie tagsüber wahrnehmen, gut versteckt, sehnt sich immer noch danach, berühmt und bewundert zu werden und Macht zu besitzen. Dieses andere Ich hat letzte Nacht zu Ihnen gesprochen. Aber sehen wir einmal nach, weshalb das gerade letzte Nacht der Fall war. Erzählen Sie mir, was gestern geschehen ist und Ihnen wichtig war.«

»Überhaupt nichts, es war ein Tag wie jeder andere. Ich bin ins Büro gegangen und habe das Gesetzesmaterial für einen Schriftsatz zusammengesucht. Dann bin ich nach Hause gegangen, habe gegessen, bin im Kino gewesen und dann schlafen gegangen. Das ist alles.«

»Das scheint mir aber noch keine Erklärung dafür, weshalb Sie auf einem weißen Streitroß in die Nacht hinaus geritten sind. Erzählen Sie mir etwas mehr darüber, was sich in Ihrem Büro abgespielt hat.«

»Ach ja, jetzt fällt mir etwas ein ... aber das kann doch nichts mit dem Traum zu tun haben ... nun, ich werde es Ihnen trotzdem erzählen. Als ich zu meinem Chef hineinging – dem Seniorchef der Firma –, für den ich das Gesetzesmaterial zusammengesucht hatte, entdeckte er einen Fehler, den ich gemacht hatte. Er sah mich kritisch an und bemerkte: ›Ich muß mich wirklich wundern – ich hatte gedacht, Sie würden Ihre Sache besser machen.‹ Im ersten Augenblick war ich darüber recht erschrocken, und es schoß mir der Gedanke durch den Kopf, er würde mich am Ende später nicht als seinen Partner in die Firma hereinnehmen, wie ich gehofft hatte. Aber ich sagte mir, daß das Unsinn war, daß jeder einmal einen Fehler machen kann, daß er nur schlechter Laune war und daß der Zwischenfall auf meine Zukunft keinerlei Einfluß haben werde. Im Laufe des Nachmittags habe ich den Vorfall vergessen.«

»In welcher Stimmung waren Sie dann? Waren Sie nervös oder irgendwie deprimiert?«

»Überhaupt nicht. Ganz im Gegenteil, ich war nur etwas müde und schläfrig. Es fiel mir schwer weiterzuarbeiten, und ich war sehr froh, als es soweit war, daß ich das Büro verlassen konnte.«

»Das letzte, was Ihnen an diesem Tag wichtig war, war dann wohl Ihr Kinobesuch. Wollen Sie mir erzählen, was gespielt wurde?«

»Ja, es war der Film *Juarez*, der mir sehr gut gefallen hat. Ich habe sogar ein bißchen dabei geweint.«

»An welcher Stelle denn?«

»Zuerst bei der Beschreibung von Juarez' Armut und seinen Leiden, und dann als er gesiegt hat; ich kann mich kaum an einen anderen Film erinnern, der mich so bewegt hätte.«

»Dann sind Sie zu Bett gegangen, sind eingeschlafen und haben sich selbst auf dem weißen Pferd gesehen, während die

Truppen Sie umjubelten. Jetzt verstehen wir etwas besser, weshalb Sie das geträumt haben, nicht wahr? Als Junge fühlten Sie sich schüchtern, linkisch und zurückgesetzt. Aus unserer bisherigen Arbeit wissen wir, daß das sehr viel mit Ihrem Vater zu tun hat, der so stolz auf seine Erfolge war und der so ganz und gar unfähig war, Ihnen nahezukommen und eine Zuneigung zu Ihnen zu empfinden – geschweige denn, sie zu zeigen – und der es nicht verstanden hat, Ihnen Mut zu machen. Der Vorfall, den Sie heute erwähnten, die Zurückweisung durch den groben Jungen, war sozusagen nur das letzte Glied einer langen Kette. Ihr Selbstgefühl hatte bereits schweren Schaden gelitten, und diese Episode bestätigte Sie nur noch darin, daß es Ihnen niemals gelingen würde, es Ihrem Vater gleichzutun, daß Sie es nie zu etwas bringen würden und daß die Menschen, die Sie bewunderten, Sie stets ablehnen würden. Was konnten Sie tun? Sie flüchteten sich in Ihre Phantasien, in denen Sie genau das erreichten, wovon Sie glaubten, Sie könnten es im wirklichen Leben nie fertigbringen. In der Welt Ihrer Phantasie, in die niemand eindringen und wo niemand Sie ablehnen konnte, da waren Sie Napoleon, der große Held, der von Millionen – und was vielleicht noch wichtiger ist – von Ihnen selbst bewundert wurde. Solange Sie diese Phantasien aufrechterhalten konnten, schützten diese Sie vor dem akuten Schmerz, den Ihnen Ihre Minderwertigkeitsgefühle im Kontakt mit der äußeren Wirklichkeit verursachten. Dann kamen Sie ins College. Sie waren jetzt von Ihrem Vater nicht mehr so abhängig. Sie fanden eine gewisse Befriedigung in Ihren Studien, Sie hatten das Gefühl, einen neuen und besseren Anfang machen zu können. Außerdem schämten Sie sich über Ihre ›kindischen‹ Tagträume, deshalb schoben Sie sie zur Seite. Sie hatten das Gefühl, auf dem Weg zu sein, ein richtiger Mann zu werden . . . Doch war diese Zuversicht, wie wir gesehen haben, etwas trügerisch. Sie hatten vor jedem Examen schreckliche Angst; Sie hatten das Gefühl, daß sich kein junges Mädchen wirklich für Sie interes-

sieren könnte, sobald ein anderer junger Mann auf der Bild-
fläche erschien; Sie fürchteten stets die Kritik Ihres Chefs.
Das führt uns hin zu den Ereignissen am Tage des Traumes.
Genau das, was Sie so unbedingt hatten vermeiden wollen,
war eingetreten – Ihr Chef hatte etwas an Ihnen auszusetzen;
das alte Gefühl der Unzulänglichkeit kam schon wieder in
Ihnen hoch, aber Sie taten es zur Seite; Sie fühlten sich müde,
anstatt sich ängstlich und traurig zu fühlen. Dann sahen Sie
sich den Film an, der an Ihre alten Tagträume rührte, an den
Helden, der zum bewunderten Erretter seines Volkes wurde,
nachdem er als Junge verachtet und machtlos gewesen war.
Wie in Ihrer Jugend stellten Sie sich auch jetzt als den bewunderten Helden vor, dem alle zujubelten. Merken Sie denn
nicht, daß Sie es immer noch nicht ganz aufgegeben haben,
Ihre Zuflucht zu Phantasien von Ruhm und Ehre zu nehmen,
daß Sie die Brücken noch nicht abgebrochen haben, die Sie
zurück ins Land der Phantasie führen, sondern daß Sie im
Begriff sind, immer wieder dorthin zurückzukehren, sobald
die Wirklichkeit Sie enttäuscht oder Ihnen bedrohlich vorkommt? Sehen Sie denn nicht, daß aber gerade das immer
wieder dazu beiträgt, die Gefahr heraufzubeschwören, vor der
Sie solche Angst haben, nämlich noch ein Kind und noch
immer kein Erwachsener zu sein und deshalb von Erwachsenen – und von Ihnen selbst – nicht ernstgenommen zu werden?«

6

ZU FREUD
UND ZUR FREUDSCHEN
BEWEGUNG

*Erich Fromm hat Sigmund Freud nie persönlich kennengelernt.
Auch von einem Briefwechsel zwischen beiden ist nichts
bekannt. Um so mehr sah sich Fromm mit der
psychoanalytischen Bewegung konfrontiert, die den
»Revisionisten« Fromm vor allem mit Verleugnung strafte.
Fromms ambivalente Einstellung gegenüber Freud, seine
Bewunderung für ihn und seine Kritik an ihm, kann deshalb
nicht losgelöst von Fromms Erfahrungen mit der Freudschen
Bewegung betrachtet werden.*

*Auch wenn Fromm Freud nie persönlich kennengelernt hat, so
hatte Fromm doch ein großes Interesse an der Person Freuds.
Er verdankte ihm zu viel, als daß er ihn hätte nicht wertschätzen
können. Gleichzeitig konnte Fromm, wie kaum ein anderer
Psychoanalytiker, die blinden Flecken Freuds und der
Freudschen Theorie aufzeigen. Die Impulse hierzu kamen oft
von Fromms Querelen mit der orthodoxen Bürokratie. Fromm
fragte, welche Grundlage die psychoanalytische Bewegung als
quasi-religiöse Bürokratie im Charakter Freuds selbst hatte. Die
Erkenntnisse Fromms sind oft sehr schonungslos und nur
deshalb möglich, weil Fromm selbst nie das Bedürfnis hatte,
sich als rechtmäßigen »Sohn« Freuds auszuweisen und zur
Familie der Freudianer zu gehören (er mied auch sonst jede Art
von idolbezogener »Nestsuche«, obwohl er zeitlebens bei
»Meistern des Lebens« in die Schule ging).*

*Die Auseinandersetzungen mit der »Psychoanalytischen
Bewegung« fanden ihren Höhepunkt, als Ernest Jones 1957
seine dreibändige Freud-Biographie publizierte. Fromm nahm
die Verunglimpfung von Sándor Ferenczi zum Anlaß, 1958 in
der New York Times Saturday Review einen Artikel über den*

Parteigeist in der Psychoanalyse zu schreiben und im einzelnen zu belegen, wie sehr das Dogma und die Bürokratie über das humanistische Anliegen der Psychoanalyse gesiegt hatten. Kurz darauf folgte ein kleines Buch über Freud und die Freudsche Bewegung mit dem englischen Titel »Sigmund Freud's Mission« (1959a). Danach hatte Fromm endgültig seinen eigenen Standort als Psychoanalytiker jenseits der Freudschen Psychoanalytischen Bewegung gefunden.

Fromm wurde immer wieder abgesprochen, noch Psychoanalytiker zu sein und eine psychoanalytische Theorie und Praxis zu vertreten. Sowenig er Freudianer sein wollte, so sehr kämpfte er aber darum, Psychoanalytiker zu sein und seine »radikal-humanistische Revision ›Psychoanalyse‹« zu nennen, und »sie nicht als eine besondere Schule« anzusehen. Fromm selbst argumentiert (1977g, GA VIII, S. 243), daß er seine Revision »Psychoanalyse« nenne, »weil meine psychoanalytischen Forschungen auf Freuds Entdeckungen aufbauen und ohne diese nie konzipiert worden wären. Das gilt besonders für die Rolle des Unbewußten, der Verdrängung, des Widerstands, der Bedeutung der Kindheitserlebnisse, der Übertragung und des dynamischen Charakterbegriffs. Wenn vom Standpunkt der dogmatisch-orthodoxen Analyse aus meine Auffassung als nicht-›psychoanalytisch‹ angesehen wird, so kann ich nur sagen, daß nach meinem Ermessen eine Theorie, die innerhalb von 70 Jahren im wesentlichen unverändert bleibt, eben gerade durch diese Starrheit – paradoxerweise – sich als im tiefsten verändert erweist.«

Der Aufklärer Freud

1959

Die auffallendste und wahrscheinlich stärkste emotionale Kraft in Freud war *seine Leidenschaft für Wahrheit und sein kompromißloser Glaube an die Vernunft.* Für ihn war die Vernunft die einzige menschliche Fähigkeit, die dazu beitragen kann, das Problem der Existenz zu lösen oder zumindest das dem menschlichen Leben innewohnende Leid zu lindern.

Freud sah in der Vernunft das alleinige Werkzeug – oder die einzige Waffe –, die wir besitzen, um das Leben sinnvoll zu machen, uns von Illusionen zu befreien (zu ihnen zählen nach Freud auch die religiösen Glaubensvorstellungen), unabhängig von fesselnden Autoritäten zu werden und so unsere eigene Autorität aufzurichten. Immer wenn er in der Komplexität und Vielfalt der wahrnehmbaren Erscheinungen eine theoretische Wahrheit erkannte, dann war dieser Glaube an die Vernunft die Grundlage seiner unermüdlichen Suche nach der Wahrheit. Es störte Freud nicht, wenn seine Ergebnisse vom Standpunkt des gesunden Menschenverstandes aus gesehen absurd erschienen. Im Gegenteil – das Lachen der Menge, deren Denken vom Wunsch nach Bequemlichkeit und nach ungestörtem Schlaf bestimmt war, umriß für ihn nur noch schärfer den Unterschied zwischen Überzeugung und bloßer Meinung, Vernunft und gesundem Menschenverstand, Wahrheit und Rationalisierung.

Mit seinem unerschütterlichen Glauben an die Macht der Vernunft war Freud ein Kind des Zeitalters der Aufklärung. Ihre Devise *Sapere aude!* – »Wage zu wissen!« – prägte Freuds Persönlichkeit und sein gesamtes Werk. Entstanden war die-

ser Glaube in der Emanzipation des westlichen Bürgertums
von den Fesseln und dem Aberglauben der feudalen Gesellschaft. Spinoza und Kant, Rousseau und Voltaire hatten, so
verschieden ihre philosophischen Lehren auch sein mochten,
diesen leidenschaftlichen Glauben an die Vernunft geteilt; sie
alle waren im Kampf für eine neue, wahrhaft aufgeklärte,
freie und humane Welt verbunden. Dieser Geist lebte weiter
im west- und mitteleuropäischen Bürgertum des 19. Jahrhunderts, vor allem unter den Studenten, die sich dem Fortschritt
der Naturwissenschaften hingaben. Erst recht verstärkte
Freuds jüdische Herkunft seine Verbundenheit mit dem Geist
der Aufklärung. Die jüdische Tradition selbst war eine Tradition der Vernunft und der intellektuellen Disziplin; überdies
hatte eine in gewissem Sinn mißachtete Minderheit ein starkes emotionales Interesse daran, die Mächte der Finsternis,
der Irrationalität und des Aberglaubens zu bekämpfen, die
ihr den Weg zu ihrer Emanzipation und zum Fortschritt ver-
sperrten.

Neben diesem allgemeinen Trend in der europäischen Intelli-
genz des späten 19. Jahrhunderts gab es besondere Umstände
in Freuds Leben, die seine Neigung verstärkten, auf die Vernunft und nicht auf die öffentliche Meinung zu bauen.

Ganz im Gegensatz zu allen westlichen Großmächten war die
österreichisch-ungarische Doppelmonarchie zu Freuds Leb-
zeiten ein zerfallendes Gebilde. Sie hatte keine Zukunft vor
sich. Mehr als alles andere hielt die Macht der Trägheit die
einzelnen Teile der Monarchie zusammen, trotz der Tatsache,
daß ihre nationalen Minderheiten verzweifelt um ihre Unabhängigkeit kämpften. Dieser Zustand eines politischen Ver-
falls und politischer Auflösungserscheinungen war dazu geeignet, in einem intelligenten Jungen Verdacht zu erwecken und
seinen fragenden Verstand zu schärfen. Die Diskrepanz zwischen der offiziellen Ideologie und den *Tatsachen* der politischen Realität mußte das Vertrauen in die Gültigkeit von
Worten, Parolen und autoritativen Erklärungen schwächen

und kritisches Denkvermögen fördern. In Freuds speziellem
Fall muß noch ein weiterer Unsicherheitsfaktor diese Entwicklung gefördert haben: Freuds Vater, ein wohlhabender
kleiner Fabrikant in Freiberg (Příbor) im nördlichen Mähren,
mußte seinen Betrieb wegen der Veränderungen in der ganzen österreichischen Wirtschaft, die auch Freiberg trafen und
verarmen ließen, aufgeben. Der Knabe Freud lernte in jungen
Jahren durch drastische Erfahrungen, daß nicht nur auf die
politische, sondern auch auf die soziale Stabilität kein Verlaß
war, daß weder Tradition noch hergebrachte Ordnung Sicherheit boten und Vertrauen verdienten. Zu welchem anderen
Ergebnis konnten solche Ergebnisse einen ungewöhnlich
begabten Jungen bringen als dazu, sich nur noch auf sich
selbst und auf die Vernunft zu verlassen? Anderen Waffen
war nicht zu trauen.

Gewiß gab es viele andere Jungen, die unter denselben
Umständen aufwuchsen, und die keine Freuds wurden und
keine derartige Leidenschaft für Wahrheit entwickelten. Es
muß in Freuds Persönlichkeit besondere, nur ihm eigene Elemente gegeben haben, die für die außerordentliche Intensität
dieser Qualität verantwortlich waren. Welches waren diese
Elemente?

Zweifellos müssen wir zunächst die überdurchschnittliche
intellektuelle Begabung und Vitalität erwähnen, die zu Freuds
Konstitution gehörte. Diese außerordentliche intellektuelle
Begabung, verbunden mit dem Klima der Aufklärungsphi-
losophie, die Zerrüttung des herkömmlichen Zutrauens zu
Worten und Ideologien: Dies alles mag schon hinreichend
erklären, warum sich Freud an die Vernunft hielt. Es mag
andere, rein persönliche Faktoren geben, so zum Beispiel
Freuds Wunsch nach Prominenz, die zu seinem Vertrauen auf
die Vernunft geführt haben können, da ihm keine andere
Macht, sei es Geld, soziales Prestige oder physische Kraft zur
Verfügung stand. Suchen wir aber nach noch persönlicheren
Elementen in Freuds Charakter, die seine leidenschaftliche

Suche nach Wahrheit erklären können, so stoßen wir auf ein negatives Element in seinem Charakter: seinen Mangel an emotionaler Wärme und menschlicher Nähe, an Liebe und darüber hinaus an Lebensfreude. Das mag, wenn vom Entdecker des »Lustprinzips« und vom vermeintlichen Protagonisten sexueller Lust die Rede ist, erstaunlich klingen; indes sprechen die Tatsachen eine zu laute Sprache, als daß sie Zweifel hinterlassen könnten. Ein Knabe, den es so sehr nach Ruhm und Anerkennung verlangte wie Sigmund Freud und der eine so geringe Lebensfreude besaß, hatte bei seiner Begabung, in seinem kulturellen Klima, und angesichts der besonderen europäischen, österreichischen und jüdischen Faktoren in seiner Umgebung keine andere Möglichkeit, seine Wünsche zu erfüllen, als indem er sich dem Abenteuer des Erkennens verschrieb. Andere Persönlichkeitselemente mögen dazu beigetragen haben: Freud war ein sehr unsicherer Mensch, er fühlte sich leicht bedroht, verfolgt, verraten und hatte daher, wie nicht anders zu erwarten, ein großes Verlangen nach Gewißheit. In Anbetracht seiner ganzen Persönlichkeit konnte es für ihn keine Gewißheit in der Liebe geben – Gewißheit gab es nur in der Erkenntnis, und er mußte die Welt intellektuell erobern, um vom Zweifel und vom Gefühl des Versagens loszukommen. [...]

Für Freud erschöpfte sich Vernunft im *Denken;* Gefühle und Emotionen galten ihm *per se* als irrational und deshalb dem Denken gegenüber als minderwertig. Diese Verachtung von Gefühl und Affekt teilte Freud mit den Philosophen der Aufklärung. Ihnen galt das Denken als der einzige Träger des Fortschritts, und nur im Denken gab es für sie Vernunft. Sie sahen nicht, was Spinoza gesehen hatte: Wie das Denken, so können auch Affekte sowohl rational als auch irrational sein, und die volle Entwicklung des Menschen erfordert die rationale Weiterentwicklung *beider,* des Denkens und der Affekte. Sie sahen nicht, daß die Abspaltung des Denkens vom Fühlen sowohl das Denken als auch das Fühlen entstellt, und daß ein Menschenbild, das auf der Annahme dieser Spaltung [von Denken und Fühlen] basiert, ebenso entstellt ist.

Diese rationalistischen Denker waren überzeugt, daß der Mensch nur die Ursachen seines Elends intellektuell zu verstehen braucht, um aus diesem intellektuellen Wissen auch die Macht zu schöpfen, die Umstände zu verändern, die sein Leiden verursachen. Von dieser Haltung war Freud stark beeinflußt, und er hat Jahre gebraucht, um von der Annahme loszukommen, daß das bloß intellektuelle Wissen der Ursachen neurotischer Symptome auch schon deren Heilung mit sich bringt.

Solange nur von Freuds leidenschaftlicher Suche nach Wahrheit die Rede ist, bleibt das Bild unvollständig. Um es zu vervollständigen, müssen wir gleichzeitig eine seiner hervorragendsten Qualitäten erwähnen: seinen *Mut.* Viele Menschen haben potentiell ein leidenschaftliches Streben nach Vernunft und nach Wahrheit. Dieses Potential in die Wirklichkeit umzusetzen, ist aber deswegen so schwer, weil dazu Mut gehört, und dieser Mut ist selten, weil es ein Mut besonderer Art ist. Es geht hier nicht in erster Linie um den Mut, sein Leben, Freiheit und Besitz aufs Spiel zu setzen, obwohl auch dieser Mut selten ist. Wer den Mut hat, ganz der Vernunft zu trauen, nimmt die Gefahr der Isolierung und des Alleinseins auf sich, und für viele ist diese Gefahr unerträglicher als eine Bedrohung für das Leben. Gerade die Suche nach Wahrheit setzt den Suchenden notwendig dieser Gefahr der Isolation aus. Wahrheit und Vernunft stehen im Gegensatz zum gesunden Menschenverstand und zur öffentlichen Meinung. Die Mehrheit klammert sich an bequeme Rationalisierungen und an Ansichten, die sich aus der oberflächlichen Betrachtung der Dinge herleiten lassen. Die Vernunft dagegen hat die Aufgabe, die Oberfläche zu durchstoßen und bis zum Wesentlichen vorzudringen, das sich unter ihr verbirgt; sie hat die Aufgabe, objektiv, das heißt ohne von den eigenen Wünschen und Ängsten bestimmt zu werden, zu erkennen, welche Kräfte die Welt und die Menschen bewegen. Dazu braucht der Mensch Mut, die Isolierung auszuhalten und den Spott und Hohn derer, die von der Wahrheit gestört werden und den Störenfried hassen. Freud besaß diese Fähigkeit in einem bemerkenswerten Maß. Er lehnte sich gegen seine Isolierung auf, er litt unter ihr, aber er war nie willens oder auch nur geneigt, sich auf den geringsten Kompromiß einzulassen, der die Isolierung möglicherweise erleichtert hätte. Dieser Mut war auch sein größter Stolz. Er bildete sich nicht ein, ein Genie zu sein, aber er schätzte seinen Mut als die hervorstechendste Qualität in seiner Persönlichkeit.

Die Mutterbindung Freuds

1959

Will man die nicht-konstitutionellen Faktoren verstehen, die die charakterliche Entwicklung eines Menschen bestimmen, so muß man mit der Beziehung zur Mutter beginnen. Über diese Beziehung wissen wir bei Freud verhältnismäßig wenig. Aber die Tatsache, daß Freuds Mitteilungen über seine Mutter in seinen autobiographischen Versuchen sehr spärlich sind, ist in sich selbst bedeutsam. Nur zwei von über 30 eigenen Träumen, die er in der *Traumdeutung* wiedergibt, handeln von der Mutter. Da Freud viel und ausgiebig träumte, darf man annehmen, daß er nicht wenige Träume über seine Mutter für sich behalten hat. [...]

Diese Bindung an die Mutter und die Rolle des bewunderten Lieblingssohnes hat eine wichtige Bedeutung für die Entwicklung seines Charakters, die Freud selbst sah und in einem wahrscheinlich autobiographischen Sinne formulierte: »Wenn man der unbestrittene Liebling der Mutter gewesen ist, so behält man fürs Leben jenes Eroberergefühl, jene Zuversicht des Erfolges, welche nicht selten wirklich den Erfolg nach sich zieht« (S. Freud, 1917b, S. 26). Mutterliebe ist ihrem Wesen nach bedingungslos. Anders als der Vater liebt die Mutter das Kind, nicht *weil* es das verdient oder weil es etwas Liebenswertes tut, sondern *weil es ihr* Kind ist. Ebenso bedingungslos ist die Bewunderung der Mutter für ihren Sohn. Sie betet den Sohn an, nicht weil er dieses oder jenes tut, sondern weil er *da ist* und weil er ihr gehört. Noch intensiver tritt das zutage, wenn es sich um das Lieblingskind der Mutter handelt und

175

wenn sie selbst an Vitalität und Vorstellungsvermögen dem
Vater überlegen ist: So war es offenbar in Freuds Elternhaus.
(Vgl. E. Simon, 1957, S. 272.)

Wer als Kind von der Mutter bewundert wird, bekommt leicht
die Erfolgs- und Siegeszuversicht, von der Freud spricht, und
braucht sie nicht erst zu erwerben; sie ist von vornherein da
und über jeden Zweifel erhaben. Ein solches Selbstvertrauen
versteht sich gleichsam von selbst; es fordert Achtung und
Bewunderung von anderen und vermittelt den Eindruck,
überlegen zu sein und nicht zum Durchschnitt zu gehören.
Natürlich kommt dies von der Mutter geprägte souveräne
Selbstvertrauen ebenso bei überdurchschnittlich begabten wie
bei weniger begabten Menschen vor. Bei wenig Begabten
folgt aus ihm häufig ein tragikomisches Mißverhältnis zwischen Ansprüchen und Gaben; bei überdurchschnittlich
Begabten ist es ein Ansporn, die natürlichen Talente und
Begabungen zu entwickeln. Daß Freud mit diesem besonderen Selbstvertrauen gesegnet war, und daß es aus seiner Bindung an die Mutter herrührte, ist auch Jones' Meinung: »Dieses Selbstvertrauen, das eines seiner Hauptmerkmale war,
wurde nur selten erschüttert; er führt es zweifellos mit Recht
auf das Gefühl der Sicherheit zurück, das die Liebe seiner
Mutter ihm schenkte« (E. Jones, 1960–1962, Bd. 1, S. 22).

Die außergewöhnliche Intensität seiner Mutterbindung hat
Freud nicht nur vor anderen verborgen, sondern allem
Anschein nach auch vor sich selbst. Sie ist aber der Schlüssel
nicht nur zu seinem Charakter, sondern auch zur Beurteilung
einer seiner grundlegenden Entdeckungen: dessen, was er den
Ödipuskomplex genannt hat. Die Wurzel der Bindung des
Sohnes an die Mutter sah Freud – durchaus rationalistisch – in
der sexuellen Anziehung der Frau, mit der der kleine Junge
den meisten und intimsten Umgang hat. Denkt man daran,
wie stark Freud selbst an seine Mutter gebunden war und wie
sehr er dazu neigte, diese Bindung zu verdrängen, so kann
man verstehen, warum er eine der mächtigsten menschlichen

Strebungen, die Sehnsucht nach der Fürsorge, dem Schutz, der allumfassenden Liebe der Mutter, in einem äußerst eingeengten Sinn deutete: als das eher begrenzte Verlangen des kleinen Jungen danach, daß die Mutter seine triebhaften Bedürfnisse befriedige. Freud hat eine der entscheidenden menschlichen Strebungen entdeckt: den Wunsch, an die Mutter – also an den Mutterschoß, die Natur, das vorindividuelle, vorbewußte Sein – gebunden zu bleiben; aber indem er den Geltungsbereich dieser Entdeckung auf den kleinen Sektor der triebhaften Wünsche reduzierte, hat er sie selbst negiert. Die Basis der Entdeckung war seine eigene intensive Mutterbindung, und sein Widerstand, diese Bindung zu sehen, war der Grund für die Einschränkung und Entstellung dieser Entdeckung.

Gewiß gehen von jeder Mutterbindung, auch von der glücklichsten, nicht nur positive Wirkungen aus: Das große Selbstvertrauen des bevorzugten Kindes ist nicht ihr einziges Werk; ihre negativen Wirkungen zeigen sich in einem Gefühl von Abhängigkeit und in Depressionen, wenn die beflügelnde Erfahrung bedingungsloser Liebe nicht fortdauert. In Freuds Charakterstruktur – und in der Struktur seiner Neurose – scheinen diese Abhängigkeit und Unsicherheit eine zentrale Stellung einzunehmen.

Einen sichtbaren Ausdruck fand Freuds Unsicherheit in der für den oral-rezeptiven Menschen charakteristischen Angst vor Hunger und Armut. Da die Sicherheit des rezeptiven Menschen auf der Überzeugung beruht, daß er von der Mutter ernährt, gehegt, geliebt und bewundert wird, kreisen seine Ängste um die Gefahr des Ausbleibens dieser Liebe. In einem Brief an Wilhelm Fließ vom 21. Dezember 1899 schreibt Freud: »Meine Phobie ... war eine Verarmungsphantasie oder besser eine Hungerphobie, von meiner infantilen Gefräßigkeit abhängig und durch die Mitgiftlosigkeit meiner Frau (auf die ich stolz bin) hervorgerufen« (S. Freud, 1950, S. 327). Von neuem klingt das Thema in einem Brief an Fließ vom 7. Mai 1900 an: »Ich bin ... im allgemeinen – bis auf einen schwachen Punkt: der Angst vor der Not – zu verständig zu klagen und befinde mich auch sonst zu wohl dafür...« (a.a.O., S. 340).

Explosiv kam die Verarmungsangst in einem der dramatischsten Augenblicke in Freuds Leben zum Durchbruch. Als Freud 1910 seine Wiener Kollegen – hauptsächlich Juden – davon zu überzeugen versuchte, die Führung durch die Züricher – meist nicht-jüdische – Analytiker zu akzeptieren, und die Wiener seinem Vorschlag nicht zustimmen wollten, erklärte er: »Meine Feinde wären froh, mich verhungern zu sehen; sie würden mir am liebsten den Rock vom Leibe reißen« (E. Jones, 1960–1962, Bd. 2, S. 91). Natürlich war dies eine rhetorische Floskel, dazu bestimmt, die zögernden Wiener mitzureißen; aber die Wahl dieser Floskel, die mit den Tatsachen wenig zu tun hatte, läßt sich nur als Symptom der Hunger- und Verarmungsangst verstehen, von der in den Briefen an Fließ die Rede ist.

Freuds Unsicherheit äußerte sich auch noch anders. Am auffälligsten waren die Ängste, die sich auf Eisenbahnreisen bezogen. Freud wollte unbedingt immer, um sicherzugehen, eine Stunde vor Abfahrt des Zuges am Bahnhof sein. Was solche Symptome besagen, kann man nur erkennen, wenn man ihren symbolischen Sinn versteht. Oft ist Reisen ein Symbol dafür, die Sicherheit der Mutter und des elterlichen Heims zu verlassen, selbständig zu sein und sich von seinen Wurzeln loszureißen. Menschen, die stark an die Mutter gebunden sind, geht es häufig so, daß sie Reisen oft als gefährlich erleben, als ein Unternehmen, das besondere Sicherheitsvorkehrungen erfordert. Aus demselben Grund vermied es Freud, allein zu reisen. Auf seinen großen Reisen in den Sommerferien hatte er immer eine Begleitung bei sich, auf die er sich verlassen konnte: meistens einen seiner vertrautesten Schüler, manchmal die Schwester seiner Frau. Zum gleichen Muster der Angst vor Entwurzelung paßt es ebenfalls, daß Freud seit den Anfängen seiner Ehe bis zum Tag seiner erzwungenen

Emigration aus Österreich in derselben Wohnung in der Wiener Berggasse wohnte. Diese Abhängigkeit von seiner Mutter manifestierte sich auch in der Beziehung zu seiner Frau, zu älteren und gleichaltrigen Männern und zu Schülern; auf sie übertrug er das gleiche Bedürfnis nach bedingungsloser Liebe, Bestätigung, Bewunderung und Schutz. [...]

Stark an die Mutter gebunden und von ihrer Liebe und Bewunderung überzeugt, hatte Freud allen Anlaß, sich für eine überragende, einzigartige, bewundernswürdige Persönlichkeit zu halten; unter den Geschwistern war er König. Das hatte zur Folge, daß er auf mütterliche Hilfe und Anbetung angewiesen blieb. Fehlte es ihm an Liebe und Bewunderung, so stellten sich Ängste und Depressionen ein. Die Mutter behielt ihre überragende Rolle bis zu ihrem Tod bei (sie starb mit 95 Jahren); seine Frau bewunderte und umhegte ihn und sorgte für sein Wohlbefinden. Das genügte nicht: Freud brauchte mehr Bewunderung und Bestätigung und suchte sie bei anderen, bei Männern, und nicht bei Frauen. Menschen wie Breuer, Fließ, Jung, später seine getreuen Schüler, gaben ihm die Art von Bewunderung und Bestätigung, die Freud brauchte, um sich sicher zu fühlen. Wie es Männern mit einer starken Mutterbindung oft widerfährt, empfand er den Vater als Rivalen; *er, der Sohn,* wollte selbst der Vater, der Held sein. Vielleicht hätte sich Freud dem Vater untergeordnet, vielleicht hätte er gegen den Vater weniger rebelliert, wäre sein Vater »der große Mann« gewesen. Gegen einen Vater, der nur für einen durchschnittlichen Sohn gut genug gewesen wäre, mußte sich Freud, der sich mit den Helden seiner Phantasie identifizierte, fast notwendigerweise auflehnen.

Die Rebellion gegen den Vater wirft ein bezeichnendes Licht auf einen entscheidenden Aspekt in Freuds Persönlichkeit und Werk. Weit verbreitet ist die Ansicht, Freud sei ein Revolutionär gewesen. Tatsächlich trotzte er der öffentlichen Meinung und den medizinischen Autoritäten, und man kann vermuten, daß er seine umwälzenden Auffassungen ohne die Fähigkeit zu solcher Widerspenstigkeit nie hätte aussprechen und vertreten können. Er war jedoch ein *Rebell*, kein *Revolutionär*.

Wenn ich vom Rebellen spreche, meine ich einen Menschen, der gegen die bestehenden Autoritäten kämpft, aber selbst eine Autorität (der sich andere beugen) sein will und von der Anerkennung der Autorität als solcher nie loskommt, seine Abhängigkeit von ihr nicht abschütteln kann. Seine Auflehnung richtet sich in der Hauptsache gegen Autoritäten, die ihn nicht gelten lassen, und er verhält sich freundlich gegenüber Autoritäten, die er sich aussuchen kann, vor allem, nachdem er selbst eine Autorität geworden war. Oft ist der Typ des »Rebellen« in diesem psychologischen Sinn unter radikalen Politikern zu finden: Sie sind Rebellen, solange sie keine Macht haben; sie werden zu Konservativen, sobald sie für sich selbst Macht errungen haben. Umgekehrt ist ein »Revolutionär« im psychologischen Sinne der Mensch, der seine Ambivalenz gegenüber der Autorität überwindet und sich damit von jeder Bindung an Autoritäten und von dem Verlangen, andere zu beherrschen, freimacht; er erlangt wirkliche Unabhängigkeit, und die Unterwerfung anderer Menschen ist ihm kein Bedürfnis. Eben in diesem psychologischen Sinne war Freud Rebell, nicht Revolutionär. Bei all seiner herausfordernden Haltung gegenüber Autoritäten war er von der bestehenden Gesellschaftsordnung und ihren Autoritäten aufs tiefste beeindruckt. Den Professortitel zu ergattern und von den geltenden Autoritäten anerkannt zu werden, war ihm, sosehr er in merkwürdiger Verkennung der eigenen Wünsche dies verleugnen mochte, enorm wichtig. (Vgl. z. B. S. Freud, 1900a, S. 198). Im Ersten Weltkrieg war er ein feuriger Patriot – stolz zunächst über die österreichische, dann über die deutsche Angriffslust. Fast vier Jahre lang kam es ihm gar nicht in den Sinn, die Kriegsideologien und Kriegsziele der Mittelmächte kritisch in Frage zu stellen.

Freud und die Sexualität

1935 und 1959

Da Freud in der Verdrängung sexueller Impulse die wichtigste
Ursache der neurotischen Erkrankung gesehen hat, ist es der
beste Ausgangspunkt, seine Stellung zur bürgerlichen Sexualmoral bzw. zu ihrer Verletzung zu studieren. Gewiß hat Freud
eine kritische Stellung zur bürgerlichen Sexualmoral einge-
nommen. Er hat ferner den Mut gehabt nachzuweisen, daß
sexuelle Impulse auch da eine Rolle spielen, wo man bisher
ganz andere »ideale« Motive gesehen hatte, und selbst da, wo
– wie beim kleinen Kinde – die Annahme sexueller Motive
geradezu ein Sakrileg bedeutete. Seine nicht-liberalen Gegner
haben ihm dieser Haltung wegen den Vorwurf der Pansexuali-
tät gemacht, ja, man hat gesagt, er sei der typische Vertreter
einer libertinistischen dekadenten Gesellschaftsschicht.
Wie steht es aber in Wirklichkeit mit Freuds Haltung zur
Sexualmoral? Gewiß ist er tolerant, und gewiß hat er an der
bürgerlichen Sexualmoral die Kritik geübt, daß ihre allzu
große Strenge häufig zu neurotischen Erkrankungen führt.
Aber selbst wo die Kritik an der bürgerlichen Sexualmoral
zum Gegenstand wird, in der Arbeit *Die kulturelle Sexualmoral und die moderne Nervosität* (1908d) kommt zum Ausdruck,
daß seine Haltung kritisch, aber keineswegs prinzipiell von
derjenigen seiner Klasse verschieden ist. Freud unterscheidet
in diesem Aufsatz drei Kulturstufen: »eine erste, auf welcher
die Betätigung des Sexualtriebes auch über die Ziele der Fortpflanzung hinaus frei ist; eine zweite, auf welcher alles im
Sexualtrieb unterdrückt ist bis auf das, was der Fortpflanzung
dient, und eine dritte, auf welcher nur die legitime Fortpflan-

zung als Sexualziel zugelassen wird. Dieser dritten Stufe entspricht unsere gegenwärtige, ›kulturelle‹ Sexualmoral« (S. Freud, 1908d, S. 152). Er stellt die Frage: »Erstens, welche Aufgabe die Kulturforderung der dritten Stufe an den einzelnen stellt; zweitens, ob die zugelassene legitime Sexualbefriedigung eine annehmbare Entschädigung für den sonstigen Verzicht zu bieten vermag; drittens, in welchem Verhältnis die etwaigen Schädigungen durch diesen Verzicht zu dessen kulturellen Ausnützungen stehen« (a.a.O., S. 156). Auf diese erste Frage antwortet Freud: »Was unsere dritte Kulturstufe von dem einzelnen fordert, ist die Abstinenz bis zur Ehe für beide Geschlechter, die lebenslange Abstinenz für alle solche, die keine legitime Ehe eingehen« (a.a.O., S. 156). »Die Mehrzahl der unsere Gesellschaft zusammensetzenden Personen« sei »der Aufgabe der Abstinenz konstitutionell nicht gewachsen«, den meisten gelingt die Sublimierung ihrer Sexualität nicht; sie »werden neurotisch oder kommen sonst zu Schaden« (a.a.O.).

Auf die Frage, ob der Sexualverkehr in legitimer Ehe eine volle Entschädigung für die Einschränkung vor der Ehe bieten kann, gibt Freud eine verneinende, aber recht merkwürdige Antwort. Er weist darauf hin, daß unsere kulturelle Sexualmoral »auch den sexuellen Verkehr in der Ehe selbst beschränkt, indem sie den Eheleuten den Zwang auferlegt, sich mit einer meist sehr geringen Anzahl von Kinderzeugungen zu begnügen. Infolge dieser Rücksicht gibt es befriedigenden sexuellen Verkehr in der Ehe nur durch einige Jahre, natürlich noch mit Abzug der zur Schonung der Frau aus hygienischen Gründen erforderten Zeiten. Nach diesen drei, vier oder fünf Jahren versagt die Ehe, insofern sie die Befriedigung der sexuellen Bedürfnisse versprochen hat, denn alle Mittel, die sich bisher zur Verhütung der Konzeption ergeben haben, verkümmern den sexuellen Genuß, stören die feinere Empfindlichkeit beider Teile oder wirken selbst direkt krankmachend« (a.a.O., S. 157). Freud geht hier weit über das hinaus, was er eigentlich sagen will. Seine Absicht ist ja nach seinen eigenen Worten bloß die Kritik an der Sexualmoral der dritten Stufe, der Monogamie. Er will zeigen, daß die Monogamie keine genügende Sexualbefriedigung zuläßt, die Nervosität steigert und daß deshalb Grund vorliegt, eine Milderung unserer Sexualmoral ins Auge zu fassen. Er begründet aber die Kritik an der Monogamie mit Argumenten – nämlich die Schädlichkeit der konzeptionsverhütenden Mittel und der Unmöglichkeit unbeschränkter Kinderzahl –, die ganz in der gleichen Weise auch für eine von der heutigen abweichende »reformierte« Sexualmoral gelten würden, also speziell für eine Moral, die den vor- und außerehelichen Sexualverkehr erlaubt. Diese »Fehlleistung« darf man wohl so interpretieren, daß darin jene unbewußte, tief skeptische Haltung zum Ausdruck kommt, die er zur Möglichkeit eines befriedigenden Sexuallebens überhaupt hat.

Dieser Eindruck wird noch verstärkt, wenn man berücksichtigt, daß, wäre ihm entscheidend an der Schaffung von Verhältnissen gelegen, die volle Sexualbefriedigung zulassen, er im Rahmen seiner Argumentation den größten Nachdruck auf die Möglichkeit der Verbesserung der Methoden zur Konzeptionsverhütung gelegt hätte, statt sich mit der bloßen Feststellung ihres bisherigen Versagens zu begnügen. Die gleiche skeptische Haltung drückt sich in seiner Beantwortung der dritten Frage aus. Er erklärt sich »für unfähig, Gewinn und Verlust hier richtig gegeneinander abzuwägen« (S. Freud, 1908d, S. 159), gibt aber immerhin zu bedenken, daß die Abstinenz im allgemeinen der Entwicklung eines energischen aktiven Charakters hinderlich ist und leicht zur Ausbildung sexueller Anomalitäten führt. »Man darf wohl die Frage aufwerfen«, so schließt er diesen Aufsatz, »ob unsere ›kulturelle‹ Sexualmoral der Opfer wert ist, welche sie uns auferlegt, zumal, wenn man sich vom Hedonismus nicht genug freigemacht hat, um nicht ein gewisses Maß von individueller Befriedigung unter die Ziele unserer Kulturentwicklung aufzunehmen. Es ist gewiß nicht Sache des Arztes, selbst mit Reformvorschlägen hervorzutreten; ich meinte aber, ich könnte die Dringlichkeit solcher unterstützen, wenn ich die v. Ehrenfels'sche Darstellung der Schädigungen durch unsere ›kulturelle‹ Sexualmoral um den Hinweis auf deren Bedeutung für die Ausbreitung der modernen Nervosität erweitere« (a.a.O., S. 167).

Selbst in diesem Aufsatz, der die für Freud radikalste Kritik an der bürgerlichen Sexualmoral darstellt, ist er ein typischer Reformer. Er weist auf die Gefahren hin, die die strikte Sexualmoral mit sich bringt, plädiert für gewisse Erleichterungen, zeigt aber in der tief skeptischen Haltung gegenüber der Möglichkeit adäquater Sexualbefriedigung überhaupt, daß seine Kritik in keiner Weise prinzipiell ist. Zeigt er in diesem Aufsatz immerhin noch Züge eines Kritikers, so nimmt er in dem vier Jahre später geschriebenen Aufsatz *Über die allgemeinste Erniedrigung des Liebeslebens* (S. Freud, 1912d), eindeutig eine Stellung zugunsten der von ihm sogenannten »kulturellen« Sexualmoral ein. [...]

Hier wird ein Freud deutlich, der die konventionellen Anschauungen über die Sexualmoral in vollem Maße teilt. Was in dem vorher erwähnten Aufsatz nur zwischen den Zeilen und unbeabsichtigt zum Ausdruck kam, wird hier offen und explizit ausgedrückt.

Daß Freud im Grunde die herrschenden Anschauungen über die Sexualmoral teilt, kommt auch in seinen Theorien über die Entwicklung der Kultur und über die Sublimierung zum Ausdruck. Für ihn ist die Kulturentwicklung der Menschheit bedingt durch einen fortschreitenden Prozeß der Triebunterdrückung und Verdrängung. Nicht nur die sogenannten prägenitalen Triebe müssen unterdrückt werden, sondern auch ein Teil der genitalen Sexualität muß den verdrängenden Kräften zum Opfer fallen, damit kulturelle Leistungen möglich sind. [...]

Die Alternative, die Freud über die Entwicklung der Menschheit stellt, ist, etwas zugespitzt ausgedrückt, die zwischen Kultur und Sexualbefriedigung. Je weiter die Kultur fortschreitet, je höher sie sich entwickelt, desto mehr müssen die Menschen ihre Sexualität unterdrücken, bis, wie Freud einmal meint, die Kulturentwicklung mit Notwendigkeit zum Aussterben der Menschheit führt. Es soll hier nicht die Richtigkeit dieser Theorie einer Prüfung unterzogen werden. Es ist aber klar, daß angesichts der selbstverständlich positiven Bewertung der Kultur eine solche Alternative der Sexualität das Stigma des Kulturfeindlichen und damit Negativen verleiht.

Die Freudsche Theorie von der Sublimierung enthält im Grunde dieselbe skeptische, wenn nicht negative Haltung zur sexuellen Befriedigung. Freud versteht unter Sublimierung die Umwandlung sexueller Energien in solche für kulturelle Leistungen, und für ihn bedeutet Sublimierung eine »Gabe«, welche die, denen sie eigen ist, davor schützt, unter der Verdrängung ihrer Sexualität neurotisch zu erkranken. Er spricht davon, zur Sublimierung bedürfe es des »Talents« (S. Freud, 1912e, S. 385). Frauen hätten dieses Talent seltener als Männer (vgl. S. Freud, 1908d, S. 157f.), und von vielen Neurotikern könnte man sagen, »daß sie überhaupt nicht erkrankt wären, wenn sie die Kunst, ihre Triebe zu sublimieren, besessen hätten« (S. Freud, 1912e, S. 385). Man soll aber in dieser Hinsicht keinen »erzieherischen Ehrgeiz« (a.a.O.) haben, der sowenig zweckmäßig sei wie der therapeutische. »Das Bestreben, die analytische Behandlung regelmäßig zur Triebsublimierung zu verwenden, ist zwar immer lobenswert, aber keineswegs in allen Fällen empfehlenswert« (a.a.O.). Auch hier finden wir eine ähnliche Alternative wie die soeben angedeutete zwischen Kultur und Sexualbefriedigung. Der Mensch, der das Talent zur Sublimierung nicht in genügender Weise besitzt, muß sich entscheiden zwischen einer genügenden Sexualbefriedigung und der Neurose, und Freud ist geneigt, unter diesen Umständen die sexuelle Befriedigung vorzuziehen. Aber die Sublimierung wie die Kultur stehen in einem starren Gegensatz zur Sexualität und, wertmäßig gesehen, sind sie für Freud zweifellos das Höhere und Überlegene.

Freud zeigt hier eine Toleranz, die in manchem an die der katholischen Kirche erinnert. Da so viele Menschen die Gabe zur Sublimierung nicht besitzen und an der Verdrängung ihrer Sexualität erkranken, so soll man ihnen eben ein etwas größeres Maß an sexueller Freiheit geben. Damit schränkt man allerdings die kulturelle Möglichkeit ein, aber im Gegensatz zwischen Kultur und Neurose gibt es keine befriedigende Lösung, und die Einsicht in die menschliche Schwäche muß zu einer nachsichtigen und verzeihenden Haltung führen. Gerade diese Skepsis gibt Freuds Toleranz eine besondere Note. Man verzichtet auf Wertungen, weil man im Grunde an den Menschen und dem Unglück ihrer Verhältnisse doch nichts ändern kann und man sich begnügen muß, die schlimmsten Schäden wiedergutzumachen. Hier liegt auch ein Grund, warum Freud und manche seiner Schüler der Analyse eine übertriebene Bedeutung für die Gesellschaft zusprechen. Sie glauben, die Neurose sei bedingt durch den grundsätzlichen Konflikt zwischen der Kultur und den Ansprüchen des Trieblebens, und da man durch keine mögliche Veränderung der gesellschaftlichen Verhältnisse diesen Konflikt beseitigen könne, sei das einzige und beste, was übrigbliebe, die Opfer der Kultur analytisch zu heilen.

Freuds Haltung äußert sich auch in einer Reihe von Redewendungen deutlich viktorianischer Art. So nennt er das grobsinnliche Verlangen einer Patientin dem Analytiker gegenüber »abstoßend« und muß alle Toleranz aufrufen, »um es als natürliches Phänomen gelten zu lassen« (S. Freud, 1915a, S. 319). Oder er spricht in den *Drei Abhandlungen zur Sexualtheorie* von den »abscheulichsten Perversionen« und dem »greulichen Erfolg« (S. Freud, 1905d, S. 61) der zur Perversion führenden Triebregungen. Manche der Perversionen nennt er »unmoralisch«, und das »unkultivierte Durchschnittsweib« bezeichnet er voller Abscheu als zur Perversität neigend, eine Anlage, »die von der prostituierten Dirne berufsmäßig ausgebeutet« werde (S. Freud, 1905d, S. 92). Allerdings fügt er an dieser Stelle hinzu, die Anlage zur Perversion sei das allgemein »Menschliche und Ursprüngliche«, aber dies scheint im Grunde nur wieder ein Zeichen von Menschenverachtung, eine Art psychologischen rationalisierten Dogmas von der Erbsünde zu sein. Die eben zitierte Äußerung über die Frau führt uns zu Freuds entwertender, feindseliger Haltung zur Frau, die nur ein anderer Ausdruck seiner genuß- und sexualfeindlichen Einstellung ist. Die Frau sei weniger zur Sublimierung fähig, habe kein so starkes Über-Ich wie der Mann, neige zur Perversion und sei intellektuell minderwertig, und dies alles in erster Linie nicht aus gesellschaftlichen Gründen, sondern aus anatomisch-biologischen, dem Mangel des männlichen Geschlechtsorgans, das sie ihr ganzes Leben in den verschiedensten Gestalten als Mann, Kind oder Besitz ersatzweise sich anzueignen versuche.

*

Freud hatte, so paradox es scheinen mag, relativ wenig Interesse an Frauen und wenig sexuelle Triebkraft. Jones sagt mit Recht: »Bestimmt war seine Frau in seinem Liebesleben die einzige Frau überhaupt, und immer kam sie für ihn vor allen anderen Sterblichen« (E. Jones, 1960–1962, Bd. 2, S. 453). Jones weist aber auch darauf hin, daß »die leidenschaftlichere Seite des Ehelebens bei ihm wahrscheinlich früher nachließ als bei vielen anderen Männern« (a.a.O.). Diese Vermutung wird durch verschiedene Tatsachen erhärtet. In einem sehr aufschlußreichen Brief an Fließ vom 31. Oktober 1897 klagt der einundvierzigjährige Freud über seine Stimmungen und fügt dann hinzu: »Auch die sexuelle Erregung ist für einen wie ich nicht mehr zu brauchen« (S. Freud, 1950, S. 242). Offensichtlich war zu diesem Zeitpunkt Freuds Sexualleben mehr oder weniger beendet. Ein anderes Ereignis zeigt in die gleiche

Richtung: Freud schreibt in der *Traumdeutung,* daß er sich, als er in den Vierzigern war, einmal physisch zu einer jungen Frau hingezogen gefühlt habe und sie halb absichtlich leicht berührt habe. Er drückt sein Erstaunen darüber aus zu fühlen, daß die Möglichkeit einer solchen Anziehung »immer noch« in ihm ist. Im Alter von 56 Jahren schrieb er Ludwig Binswanger: »Heute erschöpft sich die Libido des alten Mannes natürlich im Geldverteilen« (L. Binswanger, 1956, S. 58 f.). Selbst in diesem Alter kann nur ein Mann, dessen sexuelles Leben sehr wenig intensiv war, es als selbstverständlich annehmen, seine Libido habe sexuelle Ziele aufgegeben.

Bedenkt man, was Freud über sein eigenes Sexualleben äußerte, so kann man nicht umhin, in diesen theoretischen Betrachtungen den rationalisierten Ausdruck seiner eigenen gehemmten Sexualität zu sehen. Zweifellos hat es genug Männer seiner Generation, seiner Gesellschaftsschicht und seines kulturellen Milieus gegeben, die nicht schon als Vierziger meinten, die Zeit des aus geschlechtlichen Beziehungen stammenden Glücks sei für sie vorbei, und die keineswegs die Ansicht teilten, daß sexueller Genuß – auch bei Benutzung von Mitteln zur Empfängnisverhütung – nach einigen Jahren Ehe notwendigerweise aufhören müsse.

Geht man einen Schritt weiter, so gelangt man zu dem Ergebnis, daß auch die Freudsche Theorie, daß Kultur und Zivilisation auf der Unterdrückung der Triebe beruhen, lediglich Rationalisierungszwecken diente. Was Freud mit dieser Theorie auszusagen vermeinte, enthielt im Grunde nur die persönliche Feststellung: Da ich, Freud, mich so sehr mit Denken und Wahrheit beschäftige, habe ich notwendigerweise nur wenig Interesse an geschlechtlichen Dingen. Wie so oft, verallgemeinert Freud hier eine höchst persönliche Erfahrung. In Wirklichkeit litt *er* an sexuellen Hemmungen, und zwar aus anderen Gründen, nicht *weil* er sich so tief in schöpferisches Denken versenkt hatte. Äußerlich mag Freuds sexuelles Gehemmtsein im Widerspruch dazu stehen, daß er in seinen

Theorien dem Geschlechtstrieb die zentrale Stelle einräumte. Aber der Widerspruch ist nur scheinbar, nicht echt. Viele Denker schreiben vornehmlich über das, was ihnen abgeht und was sie für sich selbst – oder für andere – zu erreichen suchen. Außerdem hätte Freud mit seiner puritanischen Haltung nie und nimmer so offen über Sexualität schreiben können, wie er es getan hat, wäre er nicht von seiner eigenen »Artigkeit« in dieser Beziehung überzeugt gewesen.

Die psychoanalytische Bewegung

1959

Welch merkwürdiges Phänomen! Die Psychoanalyse ist eine Therapie, die sich mit der Heilung von Neurosen beschäftigt, und sie ist zugleich eine psychologische Theorie: eine allgemeine Theorie vom Wesen des Menschen und insbesondere von der Existenz des Unbewußten und von seinen Manifestationen in Träumen, in Krankheitssymptomen, im Charakter und in Symbolbildungen. Wo aber gibt es das sonst, daß sich eine Therapie oder eine wissenschaftliche Theorie in eine Bewegung verwandelt, die von einem geheimen Komitee zentral gesteuert wird, abweichende Mitglieder hinaussäubert, über lokale Organisationen im Rahmen einer internationalen Gesamtorganisation verfügt? Keine medizinische Therapie ist je zu einer Bewegung geworden. Als Theorie ließe sich die Psychoanalyse am ehesten noch mit dem Darwinismus vergleichen: Der Darwinismus ist eine revolutionäre Theorie, die die Geschichte der menschlichen Gattung erhellen will und die gründlicher als irgendeine andere Lehre des 19. Jahrhunderts dazu beigetragen hat, das Weltbild der Menschen umzuwälzen. Und dennoch gibt es keine darwinistische »Bewegung«, kein Direktorium, das eine solche Bewegung leitet, und keine Säuberungen, die darüber entscheiden, wer befugt ist, sich Darwinist zu nennen, und wer dieses Vorrecht eingebüßt hat.

Die Gründung einer Bewegung für die sittliche Befreiung des Menschen war Freuds Ziel. Er wollte eine neue säkulare und zugleich wissenschaftliche Religion für eine Elite, die die Menschheit führen sollte, begründen. Freuds messianische

Impulse allein hätten allerdings aus der Psychoanalyse keine Bewegung machen können, hätte eine solche Entwicklung nicht den Bedürfnissen seiner Anhänger und denen einer größeren Öffentlichkeit entsprochen, die sich mit großem Enthusiasmus von der Psychoanalyse angezogen fühlten.

Was für Menschen waren denn seine ersten loyalen Schüler, die Inhaber der sechs Ringe? Es waren städtische Intellektuelle, die sich nach einer Bindung an ein Ideal, an einen Führer, an eine Bewegung sehnten, aber kein bestimmtes religiöses, politisches oder weltanschauliches Ideal oder ähnliche Überzeugungen mitbrachten; keiner von ihnen war Sozialist, Zionist, Katholik oder orthodoxer Jude. (Nur Eitington dürfte gewisse Sympathien für den Zionismus gehabt haben.) Ihre Religion war die psychoanalytische Bewegung. Aus ähnlichen Verhältnissen kam der wachsende Kreis der praktizierenden Psychoanalytiker; die meisten von ihnen waren mittelständische Intellektuelle ohne ausgeprägte religiöse, politische oder weltanschauliche Interessen und Bindungen. Die große Popularität, die sich die Psychoanalyse seit dem Anfang der dreißiger Jahre in den meisten westlichen Ländern und vor allem in den Vereinigten Staaten erworben hatte, war auf derselben gesellschaftlichen Grundlage gewachsen. Da haben wir es mit einer Mittelschicht zu tun, für die das Leben seinen Sinn verloren hatte. Politische und religiöse Ideale waren ihnen abhanden gekommen; um so ratloser suchten sie nach Sinn und Inhalt des Lebens, nach einer Idee, der man sich verschreiben könnte, nach einer Lebensdeutung, die jedem Anhänger, ohne von ihm Glauben oder Opfer zu verlangen, die Möglichkeit gäbe, sich als Teil einer Gemeinschaft zu fühlen. Diese Bedürfnisse erfüllte die psychoanalytische Bewegung. (Vgl. H. W. Puner, 1943, S. 104.)

Der neuen Religion ist es freilich nicht anders ergangen als den meisten religiösen Bewegungen. Schnell vergeht die ursprüngliche Begeisterung, Frische, Spontaneität; es bildet sich eine Hierarchie, deren Stärke darin liegt, daß sie das

Dogma »richtig« auszulegen weiß und darüber befinden darf, wer als getreuer Bekenner des neuen Glaubens zu gelten habe und wer nicht. Es dauert nicht lange, und an die Stelle von Kreativität und Spontaneität sind Dogma, Riten und Führerkult getreten.

Die gewaltige Rolle des *Dogmas* in der orthodoxen Psychoanalyse bedarf kaum eines Beweises. Über das hinaus, was Freud selbst an theoretisch Neuem brachte, hat es in 50 Jahren eine theoretische Weiterentwicklung nur in bescheidenem Umfang gegeben.

Im wesentlichen begnügt man sich damit, Freuds Theorien an Hand klinischen Materials zu illustrieren, wobei man in erster Linie um den Beweis bemüht war, daß Freud in allem recht gehabt habe, und man anderen theoretischen Überlegungen so gut wie gar kein Interesse entgegenbrachte. Auch die selbständigste Entwicklung, die im psychoanalytischen Denken nach Freud zu verzeichnen gewesen ist, die stärkere Betonung der Rolle des Ichs, scheint sich darin zu erschöpfen, altbekannte Erkenntnisse in Kategorien der Freudschen Theorie neu zu formulieren, ohne daß sich daraus neue Ausblicke ergäben. Das Überwiegen des Dogmatismus zeigt sich indes nicht nur in einer gewissen Sterilität des »offiziellen« psychoanalytischen Denkens, sondern vor allem auch in seinen Reaktionen auf alle Abweichungen von der geltenden Lehrmeinung. Ein besonders krasses Beispiel ist Freuds Reaktion auf die Gedankengänge Ferenczis, wonach der Patient zur Heilung auch der Liebe bedürfe. Darin kam aber nur etwas zum Ausdruck, was sich in der psychoanalytischen Bewegung überall und seit jeher abspielt. Analytiker, die Freuds Gedanken ausdrücklich, unverhüllt und öffentlich kritisieren, gelten als Abtrünnige, auch wenn sie nicht die Absicht haben, eigene »Schulen« zu gründen, sondern lediglich die Ergebnisse ihres von Freud ausgehenden Denkens und ihrer auf Freud beruhenden Beobachtungen darstellen.

Nicht minder offensichtlich ist die Bedeutung des *Rituals* in der orthodoxen Analyse. Die Couch mit dem Analytikerstuhl dahinter, die vier oder fünf wöchentlichen Analysestunden, das Schweigen, das der Analytiker bewahrt, außer wenn er die Aussagen des Patienten »deutet«: Alle diese Faktoren, die vielleicht einmal zweckdienlich gewesen sein mögen, sind zu einem geheiligten Ritual geworden, ohne das die orthodoxe Analyse nicht mehr denkbar ist. Das treffendste Beispiel ist wohl die Couch. Freud hatte sie gewählt, weil er »nicht acht Stunden täglich . . . angestarrt« werden wollte (S. Freud, 1913c, S. 467). Später kamen andere Gründe hinzu: Da der Patient nicht sehen solle, wie der Analytiker auf seine Äußerungen reagiert, sei es besser, daß der Analytiker hinter ihm sitze. Oder: Der Patient fühle sich freier und entspannter, wenn er den Analytiker nicht anzusehen brauche; oder schließlich (vor allem in neuerer Zeit betont): Die »Couch-Situation« versetze den Patienten in eine infantile Lage und begünstige damit das Zustandekommen der Übertragung. Welche Durchschlagskraft solchen Argumenten – ich halte sie nicht für stichhaltig – auch zukommen mag: Diskutierte man über therapeutische Technik unter normalen Voraussetzungen, so ließe sich auch über sie reden. Im Rahmen der psychoanalytischen Orthodoxie genügt dagegen schon der Verzicht auf die Couch zum Beweis dafür, daß man von der richtigen Lehre abgefallen und kein eigentlicher Analytiker mehr sei. Es ist auch nicht zu leugnen, daß sich viele Patienten gerade durch das Ritual angezogen fühlen: Es vermittelt ihnen das Gefühl der Teilhabe an der »Bewegung«: Sie fühlen sich in gewissem Sinne solidarisch mit allen, die analysiert werden, und denen überlegen, die nicht in die Analyse gehen. Das Interesse an der eigenen Heilung ist ihnen oft viel weniger wichtig als das freudige Erlebnis, eine geistige Heimat gefunden zu haben.

Die *Idolisierung der Person Freuds* rundet das Bild des quasipolitischen Charakters der Bewegung ab. Hier kann ich mich kurz fassen. Es genügt, wenn ich mich auf die Verklärung der Gestalt Freuds in Jones' großem biographischem Werk

berufe: Jones verleugnet Freuds brennendes Verlangen nach
öffentlicher Anerkennung, seine autoritäre Haltung, seine
menschlichen Schwächen.

Ein anderes bekanntes Symptom derselben Haltung zeigt sich
in der Gepflogenheit vieler orthodoxer Freudianer, ihre wissenschaftlichen Abhandlungen mit endlosen Beteuerungen zu
versehen, daß Freud das, was sie sagen wollen, längst gesagt
habe; zur Klärung des Sachverhalts tragen die zahlreichen
Zitationen jedoch nur selten etwas bei.

Die psychoanalytische Bewegung war von vornherein als eine
quasi-religiöse Bewegung, die sich auf eine psychologische
Theorie stützen und mit psychotherapeutischen Mitteln verwirklicht werden sollte, gedacht und ist tatsächlich zu einer
solchen quasi-religiösen Bewegung geworden. Grundsätzlich
ist dies legitim. Die hier geäußerte Kritik richtet sich gegen die
Irrtümer und die Begrenztheit in ihrer weiteren Entwicklung.
Zunächst einmal litt die psychoanalytische Bewegung genau
an dem Leiden, das sie heilen will, an der Verdrängung nämlich. Weder sich selbst noch anderen haben Freud und seine
Anhänger je zugegeben, daß sie etwas anderes – und mehr –
im Auge hatten als bloß wissenschaftliche und therapeutische
Erfolge. Sie verdrängten ihren Ehrgeiz, die Welt mit ihrem
messianischen Erlösungsideal zu erobern, und weil sie das verdrängten, verfingen sie sich in Zweideutigkeiten und Unehr-
lichkeiten, wie sie unweigerlich aus solchen Verdrängungen
erwachsen. Ein zweites Gebrechen der psychoanalytischen
Bewegung liegt in ihrem autoritären und fanatischen Charakter, welcher die fruchtbare Weiterentwicklung einer Theorie
vom Menschen verhinderte und zu einer verfestigten Bürokratie führte, die zwar Freuds Namen erbte, aber weder seine
Kreativität noch den Radikalismus der ursprünglichen Lehre
besaß.

Vom Parteigeist
der psychoanalytischen Bewegung
und ihren Opfern

1958

Bekanntlich ist die Freudsche Psychoanalyse eine Therapie zur Heilung von Neurosen und eine wissenschaftliche Theorie, die sich mit dem Wesen des Menschen befaßt. Weniger bekannt ist, daß sie auch eine »Bewegung«, eine internationale Organisation mit streng hierarchischem Aufbau und strengen Zugehörigkeitsregeln ist, die viele Jahre von einem aus Freud und sechs anderen bestehenden Geheimkomitee geleitet wurde. Diese Bewegung hat bei Gelegenheit und durch einige ihrer Mitglieder einen Fanatismus an den Tag gelegt, der gewöhnlich nur in religiösen und politischen Bürokratien zu finden ist.

Ich möchte einige der drastischeren und unglücklicheren Ausdrucksformen dieses »Parteigeistes« im Zusammenhang mit der Freud-Biographie von Ernest Jones aufzeigen (E. Jones, 1960–1962). Dies aus zwei Gründen: Erstens führte Jones' Parteifanatismus ihn zu grotesken posthumen Angriffen auf Männer, die mit Freud nicht übereinstimmten, und zweitens haben viele Rezensenten von Jones' Buch diese Angaben ohne Kritik oder Zweifel hingenommen.

Die »Neufassung« der geschichtlichen Ereignisse durch Jones führt in die Wissenschaft eine Methode ein, die wir bislang nur in der stalinistischen »Geschichtsschreibung« zu finden erwarteten. Die Stalinisten nannten Abtrünnige und Rebellen »Verräter« und »Spione« des Kapitalismus. Dr. Jones tut das gleiche in psychiatrischer Redeweise, indem er behauptet, daß Rank und Ferenczi, die beiden Männer, die Freud am engsten verbunden waren, aber später in einigen Punkten von ihm abwichen, seit vielen Jahren psychotisch gewesen seien. Er unterstellt, daß nur ihre Geisteskrankheit das Verbrechen ihres Abfalles von Freud erkläre, und im Falle Ferenczis, daß seine Klagen über die barsche und unduldsame Behandlung, die ihm von seiten Freuds widerfuhr, *ipso facto* der Beweis der Psychose seien.

Zuerst ist bemerkenswert, daß viele Jahre, bevor Ranks oder Ferenczis »Treulosigkeit« zur Debatte stand, innerhalb des Geheimkomitees heftige Kämpfe und Eifersüchteleien zwischen Abraham, Jones und, in gewissem Maße, Eitington auf der einen und Rank und Ferenczi auf der anderen Seite entstanden. Bereits 1924, als Rank sein Buch über das Geburtstrauma veröffentlichte, das Freud freundlich aufnahm, verdächtigte Abraham – »da er hörte, daß Freud für Kritik ... ein offenes Ohr habe« (E. Jones, 1960–1962, Band III, S. 83) – Rank, er folge Jung auf dem Weg zum »Verrat«.

Obwohl Freud Ranks neuen Theorien anfangs tolerant gegenüberstand, brach er später mit ihm – vermutlich unter dem Einfluß der Intrigen und Verdächtigungen der Gruppe um Jones und auch wegen der Weigerung Ranks, seine theoretischen Ansichten zu modifizieren. Zu jener Zeit sprach Freud von Ranks Neurose, die für seine Abweichungen verantwortlich sei; »und doch hatte er nur achtzehn Monate vorher die Bemerkung gemacht, in den fünfzehn Jahren, seit denen er Rank kenne, sei ihm kaum je einmal der Gedanke gekommen, daß er eine Analyse brauche« (a.a.O., S. 89).

Wie dem auch sei, Freud spricht von Neurose, nicht von Psychose. Jones deutet an, Freud habe die Erkenntnis, daß Rank an einer »Zyklothymie (manisch-depressive Psychose)« (a.a.O., S. 94) litt, verdrängt – eine Erkenntnis, über die sich Freud »schon Jahre vorher ... geäußert« haben soll (a.a.O.). In Anbetracht der eben erwähnten Aussage Freuds erscheint die Andeutung von Jones nicht ganz überzeugend. (Außerdem ist der einzige Hinweis auf Freuds angebliche Erkenntnis ein Brief, den Freud im gleichen Jahr – nicht Jahre zuvor – an

Ferenczi schrieb.) Eine ganze Geschichte wurde ersonnen, um das Vorhandensein dieser angeblichen Psychose zu erklären. Ihre Grundlage sei in den fünf Jahren nach dem Ersten Weltkrieg gelegt worden, in denen Rank sehr angestrengt und erfolgreich die Geschäfte des Psychoanalytischen Verlags in Wien geleitet hatte: »Rank ... arbeitete in fast manischer Raserei und von der Vorstellung besessen, um jeden Preis sein Ziel zu erreichen und zu produzieren; ... erst nach einigen Jahren wurde es deutlich, daß sich bei ihm eine manische Phase seiner Zyklothymie entwickelte, die immer stärker wurde« (a.a.O., S. 64). Für einen Psychiater, von einem Psychoanalytiker ganz zu schweigen, ist es ziemlich ungewöhnlich, die Entstehung einer manisch-depressiven Psychose teilweise durch Überarbeitung zu erklären.

Im Jahre 1923 war »der böse Geist der Uneinigkeit« (E. Jones, 1960–1962, Band III, S. 62) erwacht. Zu jener Zeit bezichtigte Freud Jones und Abraham, sie hätten die Auflösung des Zentralkomitees verschuldet. Am Ende sollte Jones den Sieg über seine Rivalen davontragen. »Erst nachdem ein paar Jahre verstrichen waren, kam die wahre Ursache der Störung ans Licht: das Versagen der seelischen Gesundheit bei Rank und Ferenczi« (a.a.O., S. 63). Dies führt zu der Behauptung, die alles übertrifft: Die Verlierer im innerparteilichen Kampf, Rank und Ferenczi, hätten den Keim einer Psychose viele Jahre lang in sich getragen, doch seien diese psychotischen Keime erst manifest geworden, als die beiden anderer Meinung wurden als Freud. Als sie sich weigerten, Freud Genugtuung zu leisten, trat die Psychose zutage! Wie Jones mit erfrischender Offenheit sagt, war es Freuds Hoffnung, als er das Komitee gründete, »daß wir sechs Männer dieser Aufgabe gewachsen seien. Es stellte sich heraus, daß dies leider nur für vier von uns zutraf. Zwei von den Mitgliedern, Rank und Ferenczi, waren nicht imstande, bis zum Ende durchzuhalten. Bei beiden – bei Rank in dramatischer Form, wie wir gleich sehen werden, bei Ferenczi erst nach und nach, gegen Ende seines Lebens – entwickelten sich psychotische Erscheinungen, *die sich* unter anderem *darin äußerten, daß sie sich von Freud und seinen Lehren abwandten. Die Keime einer destruktiven Psychose – so lange allen unsichtbar geblieben – kamen unaufhaltsam zum Ausbruch*« (a.a.O., S. 62; Hervorhebung E. F.).

Wenn das, was Jones schreibt, wahr sein sollte, dann lag in der Tat eine höchst verwunderliche Nachlässigkeit auf seiten Freuds vor, der die psychotische Entwicklung bei zweien seiner engsten Schüler und Freunde bis zum Augenblick des klar zutage tretenden Konflikts nicht wahrnahm. Jones unternimmt keinen Versuch, einen objektiven Beweis für seine Behauptung von Ranks angeblicher manisch-depressiver Psychose zu erbringen. Wir haben lediglich Jones' Angaben, d. h. lediglich die Angaben eines Mannes, der gegen Rank intrigierte und ihn im Kampf am »Hof« um Freud jahrelang der Treulosigkeit verdächtigte. Andererseits liegen viele Zeugnisse vor, die das Gegenteil besagen. Ich zitiere lediglich aus einer Aussage von Dr. Harry Bone, einem New Yorker Psychoanalytiker, der Rank seit 1932 kannte und bis zu seinem Tode mit ihm in häufigem persönlichen Kontakt stand:

»Bei den zahlreichen Anlässen und in den verschiedenen Situationen, in denen ich Gelegenheit hatte, ihn in Bewegung und ruhend zu sehen, nahm ich kein Anzeichen einer Psychose oder irgendeiner geistigen Anomalie wahr« (persönliche Mitteilung).

Rank ließ es schließlich zum offenen Bruch mit Freud kommen, Ferenczi nicht. Es ist daher um so erstaunlicher, daß auch Ferenczi von Jones des Verrats bezichtigt wird. Die Geschichte des Verrats soll wie im Fall von Jung und Rank auf einer fatalen Amerikareise begonnen haben. Als Ferenczi nach New York wollte, veranlaßte Jones »aus irgendeiner intuitiven Vorausahnung, die sich wahrscheinlich auf die unglücklichen Folgen von ähnlichen Besuchen, Jungs und

Ranks, stützte« (E. Jones, 1960–1962, Band III, S. 155), ihm
nahezulegen, seinen Plan fallenzulassen. Ferenczi fuhr trotzdem in die Vereinigten Staaten, mit der vollen Billigung
Freuds. »Das Ergebnis«, schreibt Jones (a.a.O.), »gab meinen
Vorahnungen recht. Nach jenem Besuch war Ferenczi nie
mehr derselbe, wenn es auch noch *vier oder fünf Jahre dau-
erte, bis Freud die Veränderung in seiner Verfassung deutlich
erkannte*« (Hervorhebung E. F.).
Es scheint, als hätten die unglaubliche Rivalität und die Intrigen zwischen Jones und Ferenczi in den folgenden Jahren
angedauert. Ferenczi verdächtigte Jones der Lüge und des
Ehrgeizes, die angelsächsischen Länder aus finanziellen Motiven unter seinem Szepter vereinen zu wollen. (Vgl. a.a.O.,
S. 178.) Jones zufolge wurde Freud dadurch »ungünstig gegen
mich beeinflußt« (a.a.O., S. 164). Schließlich scheinen die
gegen Ferenczi gerichteten Kräfte den Sieg davongetragen zu
haben. Freud schrieb im Dezember 1929 an Ferenczi: »Sie
haben sich zweifellos in den letzten Jahren äußerlich von mir
zurückgezogen. Aber ich hoffe, nicht so weit, daß von meinem Paladin und geheimen Großwesir eine Bewegung zur
Schaffung einer neuen oppositionellen Analyse zu erwarten
wäre« (E. Jones, a.a.O., S. 179).
Worin lag der Kern des theoretischen Unterschieds zwischen
Freud und Ferenczi? Ferenczi war stark beeindruckt von der
Bedeutung der elterlichen Lieblosigkeit und glaubte, daß der
Patient zu seiner Heilung mehr als »Deutungen«, daß er eine
Art mütterlicher Liebe brauche, die ihm als Kind versagt worden war. Ferenczi änderte sein Verhalten zum Patienten: aus
dem unbeteiligten Beobachter wurde er zum anteilnehmen-
den, liebenden menschlichen Wesen, und er selbst war begei-
stert von den therapeutischen Ergebnissen dieser neuen Einstellung. Freud scheint dieser Neuerung zu Beginn mit Toleranz begegnet zu sein. Aber sein Verhalten änderte sich,
offensichtlich, weil Ferenczi nicht genügend bereit war, ihn zu
beschwichtigen; vielleicht aber auch, weil die Verdächtigun-

gen, die die Jones-Fraktion gegen Ferenczi vorbrachte, ihre Wirkung taten.

Ferenczi sah Freud zum letzten Mal 1932, vor dem Kongreß in Wiesbaden. Dieser Besuch war ein wahrhaft tragisches Ereignis. Freud faßte seinen endgültigen Eindruck über den Mann, der seit den frühen Jahren der Bewegung sein ergebener Anhänger und Freund gewesen war, in einem Telegramm an Eitington zusammen: »Ferenczi unzulänglich. Eindruck unbefriedigend« (a.a.O., S. 207). Ferenczi berichtete Dr. Clara Thompson von dem Besuch unmittelbar danach in dem Zug, der sie von Wien nach Deutschland brachte. Er sagte, der Besuch sei »schrecklich« gewesen und Freud habe ihm gesagt, er könne seine Rede vor dem Psychoanalytischen Kongreß in Wiesbaden halten, müsse aber versprechen, sie nicht zu veröffentlichen. Bald darauf bemerkte Ferenczi an sich die ersten Symptome einer perniziösen Anämie, der Krankheit, an der er im folgenden Jahre starb.

Bereits einige Zeit vor seiner letzten Begegnung mit Freud hatte Ferenczi Mrs. Izette de Forest erzählt, wie traurig und verletzt er sich durch die schroffe und feindselige Art fühle, in der Freud ihn behandelt habe (persönliche Mitteilung). Die Behandlung, die Ferenczi widerfuhr, deutet auf eine bemerkenswerte Intoleranz hin. Freuds Unfähigkeit, einem früheren Freund zu vergeben, der sich von ihm entfernte, tritt noch drastischer in dem verächtlichen Haß zutage, den er beim Tode Alfred Adlers zum Ausdruck brachte: »Für einen Judenbuben aus einem Wiener Vorort ist ein Tod in Aberdeen, Schottland, eine unerhörte Karriere und ein Beweis, wie weit er es gebracht hat. Wirklich hat ihn die Mitwelt für das Verdienst, der Analyse widersprochen zu haben, reichlich belohnt« (Brief an Arnold Zweig vom 22. 6. 37; zit. nach E. Jones, a.a.O., S. 255).

Izette de Forest (1954) gebraucht eine ziemlich milde Charakterisierung, wenn sie das Verhalten Ferenczi gegenüber als »schroff« und »beinahe feindselig« bezeichnet. Jones indessen leugnet, daß Freud irgendwelche Spuren einer autoritären und intoleranten Haltung gezeigt habe. Er behauptet rundweg, die Geschichte einer solchen Feindschaft entbehre des Wahrheitsgehaltes, obgleich »man annehmen (darf), Ferenczi habe dies in seinem letzten Wahnzustand selbst geglaubt und zum Teil weitergegeben« (E. Jones, 1960–1962, Band III, S. 212).

Wenige Monate vor seinem Tode sandte Ferenczi an Freud einen Geburtstagsglückwunsch. Angeblich war »die geistige Störung... in den letzten Monaten rapide fortgeschritten« (a. a. O., S. 214). Jones behauptet – ohne eine Quelle anzugeben –, daß Ferenczi erzählt habe, eine seiner amerikanischen Patientinnen habe ihn analysiert und ihn von all seinen Übeln befreit; Botschaften zwischen ihr und ihm würden über den Atlantik gelangen. Jones muß aber zugeben, daß Ferenczi schon »immer stark an Telepathie geglaubt« habe (a. a. O.), was den »Beweis« für Ferenczis Wahnsinn ziemlich entkräften dürfte. Der einzige »Beweis«, der zur Verfügung steht, sind »die Wahnvorstellungen von Freuds Feindseligkeit« (a. a. O., S. 214). Offenbar meint Jones, nur ein kranker Geist könne Freud des autoritären Verhaltens und der Feindseligkeit beschuldigen.

Jones führt nun die Geschichte der angeblichen Psychose Ferenczis, deren Keime schon früher existiert haben sollen, ihrem Höhepunkt zu. Als die Krankheit auf Rückgrat und Gehirn übergriff, »verschärfte« dies »bei ihm zweifellos die latenten psychotischen Tendenzen« (a. a. O., S. 212). In einem seiner letzten Briefe an Freud gab Ferenczi diesem nach der Machtübernahme Hitlers den Rat, er solle nach England gehen. Jones interpretiert diesen sehr realistischen Rat als ein Zeichen dafür, »daß in seinem Wahnzustand Methode lag« (a. a. O., S. 213). »Gegen das Ende hatte er heftige Ausbrüche von paranoiden Vorstellungen und sogar Mordideen, denen am 24. Mai der plötzliche Tod folgte« (a. a. O., S. 214). Jones behauptet nicht, sein Wissen aus erster Hand zu haben, noch legt er irgendeinen Beweis oder ein Zeugnis für Ferenczis Psychose oder »die heftigen Ausbrüche von paranoiden Vorstellungen und sogar Mordideen« vor.

Wenn man diese sowie die folgenden Aussagen in Betracht zieht, dann müssen Jones' Behauptungen über die Psychosen von Rank und Ferenczi als unwahr angesehen werden. Es erhebt sich der Verdacht, daß sie Erzeugnisse eines Wunschdenkens sind, das motiviert wird durch jahrelange persönliche Eifersucht und das Bestreben, Freud die Kritik zu ersparen, gegen Männer, die ihm tief ergeben waren, unfreundlich und schroff gewesen zu sein. (Es ist nicht meine Absicht, Dr. Jones der bewußten Unaufrichtigkeit zu bezichtigen; daß unbewußte Strebungen bewußte Absichten zunichte machen können, ist allerdings eine andere Sache und gerade Gegenstand der Psychoanalyse.)

Jones hat Ferenczi im letzten Jahr seiner Krankheit nicht gesehen. Aber Dr. Clara Thompson, die von 1932 bis zum Tage seines Todes bei Ferenczi war, berichtet: »Abgesehen von den Symptomen seiner physischen Krankheiten war in seinem Verhalten, das ich beobachtete, nichts Psychotisches. Ich besuchte ihn regelmäßig und sprach mit ihm, und es ereignete sich, abgesehen von Gedächtnisschwierigkeiten, kein einziger Zwischenfall, der Jones' Bild von der Psychose Ferenczis oder einer mordlüsternen Verfassung bekräftigen würde« (persönliche Mitteilung).

Dr. Michael Balint, einer der vertrauenswürdigsten Schüler Ferenczis und der Verwalter seines literarischen Nachlasses, weist die Behauptungen von Jones ebenfalls zurück. Er schreibt (M. Balint, 1958): »Trotz seiner fortschreitenden körperlichen Schwäche (aufgrund einer perniziösen Anämie mit rasch fortschreitender Degeneration des Rückenmarkes) war er geistig jederzeit klar.« Er stellt fest, daß er »Ferenczi häufig – fast jede Woche ein- oder zweimal – während seiner letzten Krankheit gesehen habe... Ich sah ihn am Sonntag vor seinem Tode; selbst da – obwohl schmerzgequält, schwach und

ataktisch – war er geistig vollkommen klar.« – Ferenczis Stief-
tochter, Frau Elma Lauvrik, die ebenfalls bis zu seinem Tode
bei ihm war, bestätigte mir schriftlich die Übereinstimmung
mit den Schilderungen von Dr. Thompson und Dr. Balint.
Ich habe die phantastischen Deutungen von Dr. Jones so ausführlich geschildert, um erstens die Erinnerung an talentierte
und ergebene Männer zu verteidigen, die das nicht mehr
selbst tun können, und zweitens an einem konkreten Beispiel
den doktrinären Geist zu zeigen, der in gewissen Kreisen der
psychoanalytischen Bewegung zu finden ist. Man hat die psychoanalytische Bewegung bereits früher eines solchen Geistes
verdächtigt; Jones' Werk, vor allem seine Behandlung Ranks
und Ferenczis im dritten Band, bestätigt diesen Verdacht in
allen Einzelheiten. [...]

Freuds Bewegung war erfüllt von der rationalistischen und
liberalen Begeisterung des achtzehnten und neunzehnten
Jahrhunderts. Es war sein tragisches Geschick, daß diese
Bewegung nach dem Ersten Weltkrieg im städtischen Kleinbürgertum und der Intelligentsia populär wurde, der es an
Glauben und politischem oder philosophischem Radikalismus
fehlte. So wurde die Psychoanalyse zum Ersatz für ein radika-
les philosophisches und politisches Interesse, ein neuer
Glaube, der von seinen Anhängern wenig mehr verlangte, als
daß sie die Terminologie erlernten.
Genau diese Funktion ist es, die die Psychoanalyse heute so
populär macht. Die Bürokratie, die von Freuds Lehre das
Äußere übernahm, schlägt aus dieser Popularität Kapital,
aber sie hat wenig von seiner Größe und seinem wirklichen
Radikalismus geerbt. Ihre Mitglieder bekämpften einander
mit kleinlichen Intrigen und Machenschaften, und die »offi-
zielle« Erfindung über Ferenczi und Rank dient dazu, die beiden einzigen produktiven und einfallsreichen Jünger aus der
ursprünglichen Gruppe, die nach Adlers und Jungs Abfall
geblieben waren, auszuschalten. Ich glaube aber, wenn die

Psychoanalyse den grundlegenden Entdeckungen Freuds folgen und diese entwickeln will, so muß sie auf dem Standpunkt eines humanistischen und dialektischen Denkens viele ihrer Theorien revidieren, die im Geiste des physiologischen Materialismus des neunzehnten Jahrhunderts aufgestellt wurden. Eine solche Übertragung Freuds in eine neue Tonart muß sich auf eine dynamische Sicht des Menschen und auf Einblicke in die spezifischen Bedingungen der menschlichen Existenz stützen. Die humanistischen Ziele Freuds, die über Krankheit und Therapie hinausgehen, mögen dann einen neuen und angemesseneren Ausdruck finden – doch nur, wenn die Psychoanalyse nicht mehr länger von einer toten Bürokratie beherrscht wird und sie ihren ursprünglichen Wagemut auf der Suche nach Wahrheit wiedergewinnt.

Der Mensch Freud

1959

Am Ende dieses Buches wollen wir Freud als jenes menschliche Wesen sehen, das er war. Wir erblicken dann einen Menschen von leidenschaftlichem Wahrheitsdurst, erfüllt von unbändigem Glauben an die Vernunft und mit dem unbezähmbaren Mut, alles auf diesen Glauben zu setzen. Wir entdecken einen Menschen, der mütterlicher Liebe, Schutz und Bewunderung sehnlichst bedurfte und, wenn sie ihm gewährt wurden, voller Selbstvertrauen war, aber in Depression und Hoffnungslosigkeit verfiel, wenn sie ausblieben. Diese Unsicherheit, die sich im Emotionalen wie im Materiellen auswirkte, ließ ihn danach streben, andere, die von ihm abhängig waren, zu beherrschen, damit er sich seinerseits an sie anlehnen, auf sie stützen konnte. Dieselbe Unsicherheit mag auch der Faktor gewesen sein, der ihn veranlaßte, seine Energien darauf zu verwenden, von der Umwelt beachtet zu werden. Er glaubte, daß es ihm nicht darauf ankomme; er glaubte, daß er über Geltung und Anerkennung erhaben sei, aber das Bedürfnis nach Anerkennung und Ruhm war ein ebenso mächtiges Bestreben in seiner Persönlichkeit wie die Erbitterung, die er empfand, wenn seine Erwartungen nicht in Erfüllung gingen.

Freuds offensives Vorgehen der Welt gegenüber war energisch. Seine Verteidigung war eine Umgehungsstrategie, die sich durch Tempo und durchschlagende Wirkung auszeichnete. Das Leben erschien ihm als geistiges Rätsel, das er mit seinem überragenden Intellekt zu lösen entschlossen war. In den Ideen, mit denen er arbeitete, suchte er nach tieferen

Werten und Sinn. Der innere Kampf zwischen einem übersteigerten Ehrgeiz und seiner Rangordnung der Werte brachte ihn oft in Konflikt und bewirkte eine an Agonie grenzende Seelentätigkeit. Und da gab es die melancholische Ahnung, daß der Erfolg zu teuer erkauft wurde.

Freud war imstande, mit einem enthusiastischen Aufwand an Energie zu handeln, in den all seine Kraft einging. Er war von einem unersättlichen Verlangen erfüllt, auf allen Sachgebieten und in allen menschlichen Beziehungen zu experimentieren. In oft kleinlichen Streitigkeiten setzte er sich gegen Menschen durch, die seine Ideen und seine Hilfe nicht schätzten. Er empfand instinktiv, daß er viel zu leicht zu beeindrucken war, und in dem Bemühen, unabhängiger zu erscheinen, als er war, stritt er sich aus nichtigen Anlässen mit denen, die auf ihn den tiefsten Eindruck machten.

Energie und Ehrgeiz lagen ständig in Streit. Feindseligkeit und Ärger brachten ihn leichter aus der Fassung als jeden Durchschnittsbürger, obschon er sich besser beherrschen konnte als die meisten Menschen. Er konnte diplomatisch und nachgiebig sein, und dennoch war er einer der undiplomatischsten Menschen, die man sich vorstellen kann, oft starrköpfig, oft bereit, manches nur zu tun, um den Eklat zu erleben.

Freud hatte die große Begabung, sich nach Bedarf zu konzentrieren und viele Dinge zu meistern. Die besten Bekundungen dieser Begabung machten ihn Goethes Universalmenschen ähnlich, die schlechtesten ließen ihn zum Dilettanten werden. Aber auch dann brachte er es noch fertig, dem mißratenen Versuch etwas abzugewinnen und ein Ergebnis zu erzielen. Er hatte einen wachen Sinn für weitgespannte Möglichkeiten und Zielsetzungen. Situationen von großer Tragweite und mit vielen Entfaltungsmöglichkeiten interessierten und ermutigten ihn. Aber er wollte unabhängig sein. Er wehrte sich mit Gewalt gegen jede Beeinflussung, gegen jeden Eingriff von außen. Das verleitete ihn manchmal zu Arroganz und Exzen-

trizität; aber er war auch von einer ungewöhnlichen Sensibili-
tät und Feinheit des Empfindens, die ihn befähigten, sich in
einen Widersacher zu versetzen und das Vorgehen des Geg-
ners vorauszuahnen. Er schwankte zwischen der Fähigkeit,
das Wissen um den Menschen grenzenlos auszuweiten, und
einer hoffnungslos voreingenommenen und phantastischen
Behandlung von Menschen und Ideen. Es war ihm gegeben,
in anderen Begeisterung und blinde Ergebenheit zu erwecken,
sich zum dramatischen Anziehungspunkt zu machen. Er
konnte genial sein, aber er konnte auch wie ein Fanatiker
handeln. Er hatte das außergewöhnliche Talent, das, was er
sich vornahm, durch rücksichtsloses Ausschalten aller Neben-
interessen und aller zeitraubenden persönlichen Vorlieben bis
zur Vollendung zu führen.

Freud war kein Mensch, der liebte. Er war egozentrisch, von
der Idee seiner Mission besessen und darauf aus, daß andere
ihm folgten, ihm dienten, ihm Unabhängigkeit und intellektuelle Freiheit opferten. Die Welt war für ihn eine Bühne, auf
der das Drama der psychoanalytischen Bewegung und seiner
Mission spielten. Er war nicht stolz auf sich als Person, aber er
war stolz auf seine Mission, auf die Größe seiner Sache und
auf sich selbst als den Träger der Botschaft. Er lebte das
Leben in steter Angst, das zu verlieren, was ihn freute. Also
mied er Lust und Freude und setzte sich die Beherrschung
aller Leidenschaften, aller Empfindungen, aller Gefühle
durch den Willen und die Vernunft zum Ziel. Sein Ideal war
der selbstgenügsame und sich selbst beherrschende Mensch,
der – hoch über der Menge – auf die Freuden des Lebens
verzichtet, aber sich in der Sicherheit wiegt, daß ihn niemand
und nichts verwunden kann. Er war unmäßig in seinen Beziehungen zu anderen, unmäßig in seinem Ehrgeiz und paradoxerweise auch unmäßig in seiner Genügsamkeit.

Freud war ein einsamer Mensch. Sobald ihn seine Entdeckungen und seine quasi-politischen Ziele nicht vollauf in
Anspruch nahmen, war er unglücklich. Er konnte gütig und

humorvoll sein, sofern er sich nicht angegriffen oder herausgefordert fühlte. In einer entscheidenden Beziehung, die er scharfsichtig erkannte, war er eine tragische Figur: Er wollte den Menschen das Gelobte Land der Vernunft und Harmonie zeigen, aber er konnte es nur aus der Ferne erkennen, er wußte, daß er nie dorthin gelangen würde, und seit dem Abfall seines Josua alias Jung spürte er offenbar, daß auch die, die bei ihm blieben, das Gelobte Land nicht betreten würden. Als einer der Großen des Menschengeschlechts und als einer ihrer Wegbereiter starb er in tiefer Enttäuschung. Und dennoch taten Krankheit, Niederlage und Enttäuschung seinem Stolz keinen Abbruch.

Für Menschen, die unabhängiger als seine treuen Anhänger waren, muß es schwer gewesen sein, mit Freud auszukommen oder ihn zu mögen. Aber seine Gaben, seine Ehrlichkeit, sein Mut und die Tragik seines Lebens erfüllen uns nicht nur mit Achtung und Bewunderung, sondern auch mit Liebe und Mitgefühl für einen wahrhaft großen Menschen.

Literaturverzeichnis

Aulard, A., 1924: *Politische Geschichte der Französischen Revolution,* übersetzt von von Oppeln-Bronikowski, Band I, München 1924 (Duncker und Humblot).

Balint, M., 1958: *Letter to the Editor,* in: International Journal of Psycho-Analysis, London 34 (1958), S. 68 f.

Binswanger, L., 1956: *Erinnerungen an Sigmund Freud,* Bern 1956 (Francke).

Ferenczi, S., 1970/1972: *Schriften zur Psychoanalyse,* 2 Bände, herausgegeben von Michael Balint, Frankfurt 1970/1972 (S. Fischer Verlag).

Forest, I. de, 1954: *The Leaven of Love,* New York 1954 (Harper & Brothers).

Franklin, B., 1838: *Dr. Benjamin Franklins Leben,* 1. Teil, Leipzig 1838 (Georg Wigand).

Freud, S.: *Gesammelte Werke* (G. W.) [hier zitierte Ausgabe] Bände 1–17, London 1940–1952 (Imago Publishing Co.) und Frankfurt 1960 (S. Fischer Verlag).
The Standard Edition of the Complete Psychological Works of Sigmund Freud (S. E.), Bände 1–24, London 1953–1974 (The Hogarth Press).
Sigmund Freud. Studienausgabe (Stud.) Bände 1–10. Ergänzungsband (Erg.), Frankfurt 1969–1975 (S. Fischer Verlag).

–, 1900a: *Die Traumdeutung,* G. W. Band 2 und 3; Stud. Band 2; S. E. Band 4 und 5.

–, 1905d: *Drei Abhandlungen zur Sexualtheorie,* G. W. Band 5, S. 27–145; Stud. Band 5, S. 37–145; S. E. Band 7, S. 123–243.

–, 1908b: *Charakter und Analerotik,* G. W. Band 7, S. 201–209; Stud. Band 7, S. 23–30; S. E. Band 9, S. 167–175.

–, 1908d: *Die »kulturelle« Sexualmoral und die moderne Nervosität,* G. W. Band 7, S. 141–167; Stud. Band 9, S. 9–32; S. E. Band 9, S. 177–204.

–, 1909b: *Analyse der Phobie eines fünfjährigen Knaben,* G. W. Band 7, S. 241–377; Stud. Band 8, S. 9–122; S. E. Band 10, S. 1–147.

–, 1909c: *Der Familienroman der Neurotiker,* G. W. Band 7, S. 225–231; Stud. Band 4, S. 221–226; S. E. Band 9, S. 235–241.

–, 1910d: *Die zukünftigen Chancen der psychoanalytischen Therapie,* G. W. Band 8, S. 103–115; Stud. Erg., S. 121–132; S. E. Band 11, S. 139–151.

–, 1912d: *Über die allgemeinste Erniedrigung des Liebeslebens,* G. W. Band 8, S. 78–91; Stud. Band 5, S. 197–209; S. E. Band 11, S. 177–190.

–, 1912e: *Ratschläge für den Arzt bei der psychoanalytischen Behandlung,* G. W. Band 8, S. 375–387; Stud. Erg., S. 169–180; S. E. Band 12, S. 109–120.

–, 1913c: *Zur Einleitung der Behandlung. Weitere Ratschläge zur Technik der Psychoanalyse I,* G. W. Band 8, S. 453–478; Stud. Erg., S. 181–203; S. E. Band 12, S. 121–144.

–, 1915a: *Bemerkungen über die Übertragungsliebe. Weitere Ratschläge zur Technik der Psychoanalyse III,* G. W. Band 10, S. 305–321; Stud. Erg., S. 217–230; S. E. Band 12, S. 157–171.

–, 1917b: *Eine Kindheitserinnerung aus Dichtung und Wahrheit,* G. W. Band 12, S. 13–26; Stud. Band 10, S. 255–266; S. E. Band 17, S. 145–156.

–, 1920g: *Jenseits des Lustprinzips,* G. W. Band 13, S. 1–69; Stud. Band 3, S. 213–272; S. E. Band 18, S. 1–64.

–, 1930a: *Das Unbehagen in der Kultur,* G. W. Band 14, S. 419–506; Stud. Band 9, S. 191–270; S. E. Band 21, S. 57–145.

–, 1933a: *Neue Folge der Vorlesungen zur Einführung in die Psychoanalyse,* G. W. Band 15, S. 1–197; Stud. Band 1, S. 448–608; S. E. Band 22, S. 1–182.

–, 1940a: *Abriß der Psychoanalyse,* G. W. Band 17, S. 63–138; S. E. Band 23, S. 139–207.

–, 1950: *Aus den Anfängen der Psychoanalyse,* London 1950 (Imago Publishing Co.).

Fromm, E., Gesamtausgabe (GA), herausgegeben von Rainer Funk, Stuttgart 1980/81, Deutsche Verlags-Anstalt; München 1989, Deutscher Taschenbuch Verlag.

–, 1929a: *Psychoanalyse und Soziologie,* in: Zeitschrift für Psychoanalytische Pädagogik, Wien 3 (1928/29) S. 268–270;
– GA I, S. 3–5.

–, 1930a: *Die Entwicklung des Christusdogmas. Eine psychoanalytische Studie zur sozialpsychologischen Funktion der Religion,* in: Imago. Zeitschrift für Anwendung der Psychoanalyse auf die Natur- und Geisteswissenschaften, Wien 16 (1930) S. 305–373;
– GA VI, S. 11–68.

–, 1931b: *Politik und Psychoanalyse,* in: Psychoanalytische Bewegung, Wien 3 (1931) S. 440–447;
– GA I, S. 31–36.

–, 1932b: *Die psychoanalytische Charakterologie und ihre Bedeutung für die Sozialpsychologie,* in: Zeitschrift für Sozialforschung, Leipzig 1 (1932) S. 253–277;
– GA I, S. 59–77.

–, 1934a: *Die sozialpsychologische Bedeutung der Mutterrechtstheorie*, in: Zeitschrift für Sozialforschung, Paris 3 (1934), S. 196–227;
- GA I, S. 85–109.

–, 1935a: *Die gesellschaftliche Bedingtheit der psychoanalytischen Therapie*, in: Zeitschrift für Sozialforschung, Paris 4 (1935) S. 365–397;
- GA I, S. 115–138.

–, 1936a: *Sozialpsychologischer Teil*, in: M. Horkheimer (Hrsg.), Schriften des Instituts für Sozialforschung, Band V: Studien über Autorität und Familie. Forschungsberichte aus dem Institut für Sozialforschung, Paris 1936, S. 77–135 (Félix Alcan);
- GA I, S. 139–187.

–, 1949c: *Psychoanalytic Characterology and Its Application to the Understanding of Culture*, in: S. S. Sargent und M. W. Smith (Hrsg.), Culture and Personality, New York 1949, S. 1–12 (Viking Press);
- *Über psychoanalytische Charakterkunde und ihre Anwendung zum Verständnis der Kultur*, in: Psyche, Heidelberg/Stuttgart 8 (1954) S. 81–92;
- *Über psychoanalytische Charakterologie und ihre Anwendung auf das Verständnis der Kultur*, GA I, S. 207–214.

–, 1955a: *The Sane Society*, New York 1955 (Rinehart and Winston);
- *Der moderne Mensch und seine Zukunft. Eine sozialpsychologische Untersuchung*, Frankfurt/Köln 1960 (Europäische Verlagsanstalt);
- *Wege aus einer kranken Gesellschaft*, GA IV, S. 1–254.

–, 1955e: *Psychoanalysis*, in: J. R. Newman (Hrsg.), What Is Science? Twelve eminent scientists and philosophers explain their various fields to the layman, New York 1955, S. 362–380 (Simon and Schuster);
- *Psychoanalyse als Wissenschaft*, GA VIII, S. 3–20.

–, 1958a: *Psychoanalysis – Scientism or Fanaticism?*, in: Saturday Review, New York 41 (14. 6. 1958), S. 11–13, 55 f.;
- *Die Psychoanalyse – Wissenschaft oder Doktrin?*, in: Das Christusdogma und andere Essays, München 1965, S. 121–133;
- *Psychoanalyse – Wissenschaft oder Linientreue?*, GA VIII, S. 27–34.

–, 1959a: *Sigmund Freud's Mission. An Analysis of His Personality and Influence*, New York 1959 (Harper and Bros.);
- *Sigmund Freuds Sendung*, Frankfurt 1967 (Ullstein);
- *Sigmund Freud. Seine Persönlichkeit und seine Wirkung*, GA VIII, S. 153–221.

–, 1962a: *Beyond the Chains of Illusion. My Encounter with Marx and Freud*, New York 1962 (Simon and Schuster);
- *Jenseits der Illusionen*, Zürich 1967 (Diana Verlag); Stuttgart 1979 (Deutsche Verlags-Anstalt);

- *Jenseits der Illusionen. Die Bedeutung von Marx und Freud,* Stuttgart 1981 (Deutsche Verlags-Anstalt);
- GA IX, S. 37–155.
-, et al., 1966k: *El complejo de Edipo: Commentario al »Análisis de la fobia de un niño de cinco años«,* in: Revista de Psicoanalisis, Psiquiatria y Psicologia, México 4 (1966) S. 26–33;
- *Der Ödipus-Komplex. Bemerkungen zum »Fall des kleinen Hans«,* GA VIII, S. 143–151.
-, 1970d: *Freud's Model of Man and Its Social Determinants,* in: 1970a, S. 42–61;
- *Freuds Modell des Menschen und seine gesellschaftlichen Determinanten,* in: Analytische Sozialpsychologie und Gesellschaftstheorie, Frankfurt 1970, S. 174–192; – GA VIII, S. 231–243.
-, 1977g: *Das psychoanalytische Bild vom Menschen und seine gesellschaftliche Standortbedingtheit,* in: G. Chrzanowsky et al. (Hrsg.), Das Irrationale in der Psychoanalyse. Theoretische und klinische Aspekte (= Weiterentwicklungen der Psychoanalyse und ihrer Anwendungen, Band 5), Göttingen 1977, S. 17–43 (Verlag für Mediz. Psychologie);
- *Freuds Modell des Menschen und seine gesellschaftlichen Determinanten* (2. Teil) GA VIII, S. 243–251.
-, 1979a: *Greatness and Limitations of Freud's Thought,* New York 1979 (Harper and Row);
- *Sigmund Freuds Psychoanalyse – Größe und Grenzen,* Stuttgart 1979 (Deutsche Verlags-Anstalt);
- GA VIII, S. 259–362.
Horkheimer, M., 1933: *Materialismus und Moral,* in: Zeitschrift für Sozialforschung, Paris 2 (1933) S. 162–197.
Jones, E., 1957: *The Life and Work of Sigmund Freud,* Bd. 1–3, New York 1957 (Basic Books); deutsch: *Das Leben und Werk von Sigmund Freud,* Band 1–3, Bern/Stuttgart 1960–1962 (Huber Verlag).
Kant, I., 1913: *Was ist Aufklärung?,* in: Kant, Werke, herausgegeben von Ernst Cassirer, Band 4, Berlin 1913 (Bruno Cassirer).
Kardiner, A., 1940: *The Individual and Its Society,* New York 1940 (Columbia University Press).
-, 1945: *The Psychological Frontiers of society,* New York 1945 (Columbia University Press).
Kraus, L., 1930: *Scholastik, Puritanismus und Kapitalismus,* München/Leipzig 1930 (Duncker & Humblot).
Nietzsche, F., 1960: *Jenseits von Gut und Böse,* in: Werke in drei Bänden, herausgegeben von Karl Schlechta, Band II, Darmstadt [2]1960 (Wissenschaftliche Buchgesellschaft).

Puner, H. W., 1943: *Freud. His Life and His Mind,* New York 1943 (Grosset and Dunlap).

Silva Garcia, J., 1966: *El temor del hombre a la mujer,* in: Revista de Psicoanálisis, Psiquiatría y Psicología, México 1966, No. 2.

Simon, E., 1957: *Sigmund Freud, the Jew,* in: Publications of the Leo Baeck Institute, Yearbook II, S. 270 ff., London 1957.

Sombart, W., 1921: *Der moderne Kapitalismus,* 2 Bände, München 1921 (Duncker & Humblot).

Weber, M., 1920: *Die protestantische Ethik und der Geist des Kapitalismus,* in: Gesammelte Aufsätze zur Religionssoziologie, Band 1, S. 17–206, Tübingen 1920 (J. C. B. Mohr).

Quellen- und Copyrightvermerke

215

erfolgt mit Genehmigung des Beltz Verlags in Weinheim, bei dem der ganze Beitrag innerhalb der auf 8 Bände konzipierten Publikation des Nachlasses von Erich Fromm ab Herbst 1989 erscheinen wird. Übersetzung Rainer Funk.

»Der kleine Hans« – *Fromms Neuinterpretation eines Freudschen Fallbeispiels* ist dem Beitrag *Der Ödipuskomplex. Bemerkungen zum »Fall des keinen Hans«* (1966k, spanischer Originaltitel: *El complejo de Edipo: Comentarios al »Análisis de la fobia de un niño de cinco años«*) Übersetzung Liselotte und Ernst Mickel. GA VIII, S. 143–151

Das andere Traumverstehen ist dem Buch *Sigmund Freuds Psychoanalyse – Größe und Grenzen* (1979a, engl. Originaltitel: *Greatness and Limitations of Freud's Thought*) entnommen. Übersetzung von Liselotte und Ernst Mickel. GA VIII, S. 328–332

Der Aufklärer Freud ist dem Buch *Sigmund Freud. Seine Persönlichkeit und seine Wirkung* (1959a, englischer Originaltitel: *Sigmund Freud's Mission. An Analysis of His Personality and Influence*) entnommen. Übersetzung von Renate Oetker-Funk und Christiane von Wahlert auf der Basis der Übersetzung von A. R. L. Gurland. GA VIII, S. 155–159

Die Mutterbindung Freuds ist dem Buch *Sigmund Freud. Seine Persönlichkeit und seine Wirkung* (1959a, englischer Originaltitel: *Sigmund Freud's Mission. An Analysis of His Personality and Influence*) entnommen. Übersetzung von Renate Oetker-Funk und Christiane von Wahlert auf der Basis der Übersetzung von A. R. L. Gurland. GA VIII, S. 160.161–164.186 f.

Freud und die Sexualität ist dem Artikel *Die gesellschaftliche Bedingtheit der psychoanalytischen Therapie* (1935a), GA I, S. 122–127 passim, sowie dem Buch *Sigmund Freud. Seine Persönlichkeit und seine Wirkung* (1959a, englischer Originaltitel: *Sigmund Freud's Mission. An Analysis of His Personality and Influence*) entnommen. Übersetzung von Renate Oetker-Funk und Christiane von Wahlert auf der Basis der Übersetzung von A. R. L. Gurland. GA VIII, S. 170 f.
© 1935 bzw. 1959 by Erich Fromm
© der deutschen Fassung von *Sigmund Freud* 1989 by Deutsche Verlags-Anstalt, Stuttgart.

Die psychoanalytische Bewegung ist dem Buch *Sigmund Freud. Seine Persönlichkeit und seine Wirkung* (1959a, englischer Originaltitel: *Sigmund Freud's Mission. An Analysis of His Personality and Influence*) entnommen. Übersetzung von Renate Oetker-Funk und Christiane von Wahlert auf der Basis der Übersetzung von A. R. L. Gurland. GA VIII, S. 199.212–214
© 1959 by Erich Fromm
© der deutschen Fassung 1989 by Deutsche Verlags-Anstalt, Stuttgart.

Vom Parteigeist der psychoanalytischen Bewegung und ihren Opfern ist dem Beitrag *Psychoanalyse – Wissenschaft oder Linientreue?* (1958a, englischer Originaltitel: *Psychoanalysis – Science or Party Line?*) entnommen. Deutsch erschien er erstmals unter dem Titel *Die Psychoanalyse – Wissenschaft oder Doktrin?* in: E. Fromm: *Das Christusdogma und andere Essays.* Übersetzung von Carola Dietlmeier, überarbeitet von Rainer Funk. GA VIII, S. 27–32.34
© 1958 by Erich Fromm
© der deutschen Fassung 1981 by Deutsche Verlags-Anstalt, Stuttgart.

Der Mensch Freud ist dem Buch *Sigmund Freud. Seine Persönlichkeit und seine Wirkung* (1959a, englischer Originaltitel: *Sigmund Freud's Mission. An Analysis of His Personality and Influence*) entnommen. Übersetzung von Renate Oetker-Funk und Christiane von Wahlert auf der Basis der Übersetzung von A. R. L. Gurland. GA VIII, S. 219–221
© 1959 by Erich Fromm
© der deutschen Fassung 1989 by Deutsche Verlags-Anstalt, Stuttgart.

Register

Mutterbindung: 13 f., 139 f., 143,
  150–152
– von Sigmund Freud: 175–181

Narzißmus: 94, 142
Natur des Menschen: 89 f., 93
Neurose: 50 f., 121 f., 131, 142,
  185 f.
Nietzsche, Friedrich: 15

Orientierung, produktive: 96 f.
Ödipuskomplex: 22, 26, 38, 122,
  145 f., 150 f., 155, 157

Phobie: 145 f., 152, 156 f.
Produktivität: 96
Psychoanalyse: 47, 51 f., 54,
  99–103, 143, 190 f.
– der Gesellschaft: 47–52, 65–75
–, orthodoxe: 190–204
– und Bürgertum: 120–126
– und Gesellschaftskritik:
  100–102, 148
Psychoanalytiker: 112–119,
  129–131, 136 f.
–, Gesellschafts-Charakter des –:
  112–119, 129
–, Toleranz des –: 111–119
Psychotherapie, analytische: 50,
  100 f., 103, 107–111, 127–131,
  136–144
Puner, Helen Walter: 191

Rank, Otto: 41, 195–200
Rationalisierung: 15 f., 84 f., 88,
  122
Rauchen: 15
Rousseau, Jean-Jacques: 170

Schlaf: 16–18, 29
Schuldgefühle: 17 f., 94, 159

Sexualität: 29, 33, 36 f., 43, 53 f.,
  71, 81, 91, 95 f., 123, 184 f.
– nach Sigmund Freud: 181–189
– und Charakter: 95 f.
Sexualmoral: 56, 60, 181–185
Shakespeare: 22
Silva García, Jorge: 150
Sombart, Werner: 59
Sozialpsychologie: 47–52, 55, 63
–, Methode der: 65–75
Spinoza: 13, 35, 42, 96, 170, 172
Strafbedürfnis: 122
Sublimierung: 185–187
Suggestion: 17, 137, 154, 157
Sullivan, Harry Stack: 71, 136
Symbol: 29, 31–34

Thompson, Clara: 200, 202 f.
Todestrieb: 26, 38 f., 65
Toleranz: 115–119, 131, 186
– des Psychoanalytikers: 111–119
Traum: 16–20, 28, 49, 94, 110, 139,
  149, 175
– als Wunscherfüllung: 28 f.
Traumbeispiel: 16, 160–165
Traumdeutung: 27–34, 102,
  160–165
Traumzensur und Gesellschaft: 28,
  30 f., 160
Triebtheorie: 26, 35–44, 71 f.,
  90 f.

Unbewußtes: 13–15, 27 f., 37 f.,
  42–44, 48, 84, 99, 102, 139
–, gesellschaftliches: 80, 84, 86–88,
  99 f.
–, individuelles: 86–88, 100
–, Inhalt des –: 83 f., 86
Über-Ich: 111, 122, 127–129
Übertragung: 20 f., 102, 110 f.,
  137–140

Zum Autor

Erich Fromm, Psychoanalytiker und Sozialpsychologe, wurde am 23. März 1900 in Frankfurt am Main geboren und starb am 18. März 1980 in Locarno (Schweiz).
Nach Studien und Promotion in Soziologie an der Universität Heidelberg kam er Mitte der zwanziger Jahre mit der Psychoanalyse Sigmund Freuds in Berührung und wurde selbst Psychoanalytiker. Er entwickelte eine eigenständige Analytische Sozialpsychologie und war von 1930 bis 1938 Mitglied der sogenannten Frankfurter Schule, zuständig für alle Fragen der Psychologie und Sozialpsychologie.
Nach der Emigration 1933 lebte er bis 1950 in New York, lehrte u. a. an der Columbia University und gründete 1943 mit Sullivan und anderen das William Alanson White Institute.
Von 1950 an hatte Fromm seinen Hauptwohnsitz in Mexico, wo er einen Lehrstuhl für Psychoanalyse an der Medizinischen Fakultät der Nationalen Universität von Mexico übernahm. Er bildete mehrere Generationen von Psychoanalytikern aus, leitete eine große sozialpsychologische Felduntersuchung in Mexico und engagierte sich in der Politik der USA. Den Lebensabend verbrachte er ab 1974 in der Schweiz.
Neben seiner Lehrtätigkeit und seiner Praxis als Psychoanalytiker verfaßte Fromm 20 Bücher und viele Artikel, durch die er weltweit bekannt wurde.

Zum Herausgeber

Rainer Funk, Jahrgang 1943, promovierte 1977 in Tübingen über Erich Fromms humanistische Religion und Ethik. 1974 und 1975 war er Assistent Fromms in Locarno. Von 1975 bis 1981 arbeitete er an der zehnbändigen Erich-Fromm-Gesamtausgabe. Fromm bestimmte ihn zu seinem literarischen Nachlaßverwalter. Neben seiner Praxis als Psychoanalytiker baute er mit dem Nachlaß und der Bibliothek Fromms das Erich-Fromm-Archiv auf, das wissenschaftlich Interessierten zugänglich gemacht werden kann (Ursrainer Ring 24, 7400 Tübingen).

Wichtigste Veröffentlichungen:
Frömmigkeit zwischen Haben und Sein, Zürich 1977 (Benziger);
Mut zum Menschen, Stuttgart 1978 (DVA);
Erich Fromm, rororo Bildmonographie, Reinbek 1983 (Rowohlt).

Internationale
ERICH FROMM Gesellschaft e.V.

Die Internationale ERICH FROMM Gesellschaft ist eine eingetragene, gemeinnützige, wissenschaftliche Vereinigung. Sie dient der Erhaltung, Erforschung, Weiterentwicklung und Vermittlung der Erkenntnisse und Ideen Erich Fromms.

Die Internationale ERICH FROMM Gesellschaft fördert Aufbau, Ausbau und Pflege des Erich-Fromm-Archivs. Dieses ist am Sitz der Gesellschaft und enthält Erich Fromms Bibliothek und seinen wissenschaftlichen Nachlaß.

Die Internationale ERICH FROMM Gesellschaft unterstützt die Vermittlung der wissenschaftlichen Erkenntnisse und Ideen Erich Fromms durch Veranstaltungen auf nationaler und internationaler Ebene sowie durch Publikationen.

Wenn Sie Interesse an der Mitgliedschaft haben, im Erich-Fromm-Archiv arbeiten wollen, die Arbeit der Internationalen ERICH FROMM Gesellschaft durch eine steuerlich absetzbare Spende fördern wollen, wenden Sie sich bitte an:

Internationale ERICH FROMM Gesellschaft e. V.
Ursrainer Ring 24, D-7400 Tübingen 1
Konto: Kreissparkasse Tübingen (BLZ 641 500 20)
Kontonummer: 254 313